バイユー
ルーア
リジュー
モン=サン=ミシェル
エブ
セー
レンヌ
シャルト
ル・マン
ナント
アンジェ
オルレ
トゥール
ポワティエ
アングレーム
リモージュ
ペリグー
ボルドー
カオー
バイヨンヌ
アルビ
ポー
トゥールー
ナルボ
ペルピニ

フランス中世
歴史散歩

Le Tour de France médiéval

レジーヌ・ペルヌー
ジョルジュ・ペルヌー 著

福本秀子 訳

白水社

フランス中世歴史散歩

装丁　細野綾子

日本の読者の皆さんに

本書の表題からは数々の思い出がよみがえります。というのもこの序文を書いている今このとき、私は二十五人ばかりの日本の友人たちとともに、表題が示す「フランス中世歴史散歩」を終えてきたばかりなのですから。

そうです、本書の要約とも言える「フランス一周」を私に申し出てくれたのは、まさにこれらの友人たちなのです。そして私は彼らといっしょにボーヴェのカテドラル、シャルトル大聖堂の王のポルタイユ、シノン城の塔などを振り出しに見学旅行を始めることになったのでした。

この歴史散歩のためにはもちろん、私の友人福本秀子さんの助力が必要でした。彼女はフランス中世の歴史にもよく通じ、同時に完璧なフランス語の能力も備えているので、私の解説を即座にかつ明確に通訳してくれました。しかしもっと私を感嘆させたのは参加者の皆さんの好奇心です。この「現場」を訪ねる旅の途上で私の話に耳を傾ける日本の友が見せた旺盛な求知の心――ヴェズレーの大聖堂のポルタイユの彫刻の前にしろ、プロヴァンスのガナゴビーのかのすばらしいモザイクに向かってにしろ、その細部にわたって観察する彼らの注意深いまなざしがいかほどの資質に富んでいたか――は今でもありありと目に浮かぶのです。このような機会に出会うと、ある国民の魂に触れるというか、ともかくその国民の芸術的感覚に接しえたと感じるものです。

だから私は、残念ながらまだ会う機会のない私の日本の読者の方々についても、経験からわかるのです。皆さんがどのような好奇心をお持ちかということを。ロマネスクの教会を訪ねて、ギュイエンヌやアンジューの城の中庭に来てみて、城館や水車が突如として眼前に姿を見せる川辺を散歩しながら、そしてまたトゥールーズのサン＝セルナンやマルセイユのサン＝ヴィクトール修道院へ続く道を歩き回ったら、皆さんのなかにどのような興味が湧き出るかということを。

だから私は、日本の友人たちとこの数年間に行なった歴史散歩の数々を、この序文の中に思い出して述べてみたかったのです。

フランス中世が残した、この世界的な美の遺産の数々と接する喜びを皆さんにもたらせてくれる歴史散歩のいくつかが実現することを心より願うものであります。そして何よりもまず、この本に紹介されている世界に皆さんをぜひ、お誘いしたいのです。

レジーヌ・ペルヌー

目次

3　イル＝ド＝フランス、王領　43
コンピエーヌにて、諸侯フランス初代の王を選出／王位は世襲ではない／王の戴冠／ひと瓶の聖なる油が国王を生みだす／ランス大聖堂の正面に描かれた聖別式／たえまなく巡回する国王／国王の「王室費」――食事と住居、森、橋の通行税／国王は現代の企業の社長より貧しかった／大臣たち――もともとは厩舎の責任者や衣装係、食事係など／王は定住しパリは拡大す／パリのノートル＝ダム寺院／学生たち、サント＝ジュヌヴィエーヴの丘を占拠す／大学、それはパリのオックスフォードまたはケンブリッジ／学生はストライキ権を有す／右岸――畑のまん中の中央市場／セーヌ川の回船業者、彼らの紋章を今日に残す／中世の道路と家屋／セーヌ川には河岸がなかった／宣伝

4　巡礼の国オーヴェルニュ　86
巡礼でふみかためられた中世の道／金銀細工の傑作――聖遺物箱、七宝、首府リモージュ／教皇、馬に乗ってオーヴェルニュに到着／二つの地域――キリスト教圏とイスラム世界／オーヴェルニュの資源――ライ麦、栗、ミネラルウォーター

1　ウィリアム征服王のノルマンディー

パリからルーアンに向かって国道十四号線を走るとマニー＝アン＝ヴェクサンを少し過ぎたところで、危険という表示のある坂道、エプト渓谷の坂に出会う。エプトの谷に張り出したサン＝クレール＝シュール＝エプトの村からは、よく晴れた日にはすばらしい景色が広がっている。十世紀のある秋の日、フランス王と海賊のかしらはノルマンディーの割譲のために会見し、この景色を眼下にしていたのである。フランス王の名はシャルル単純王。この年九一一年にサン＝クレール＝シュール＝エプト条約をフランス王と締結した金髪の大男は北の人々のかしら、ロロン。彼ら北欧人はのちにフランク化してノルマン人といわれるようになる。ロロンは大変大きかったので、馬に乗ったことはないといわれていた。つまり足が地面についてしまうのである。この疲れを知らぬ健脚家もまた大胆不敵な船乗りで、ノルウェーからやってきて仲間のかしらとなり、川をさかのぼり恐怖をまき散らしていた。先細りの船に乗った彼らヴァイキングが来ると人々は隠れるか逃げるかである。こうしてグランリュー（ナントの南西）の修道士たちはノワルムティエの彼らの修道院から聖フィリベール（七世紀にこの修道院を建てた）の聖遺物を持って逃げ出し、ブルゴーニュに定住したのである。北方の人々は実際、神も悪魔も恐れておらず、彼らの軍歌は「戦いで死んだ兵士にしか天国なんてありはしない」と言うものであった。彼らが武勲を示したのはフランスが最初の舞台ではない。まず大西洋を渡りアイルランドに侵入し、グリーンランド（当時は「緑の大地」であった）を征服し、もう一つの大陸、のちにアメリカとよばれることとなる大陸までも攻めて行ったのである。

ところで彼らの華々しい戦歴はパリの包囲であった。七百艘の船が十キロメートルの長さにわたってセーヌ川を進んで行った。各船には七十人の戦士、全部で五万人ほどの鍛えぬいた戦争好きの兵士たちが乗っている。彼らは攻撃にも防衛にも勝れ、上陸するやただちに防備を施すすべを知っていた。今でもノルウェーのオスロー博物館では彼らの乗っていた船の残存物を、またハーグの岬では彼らの要塞跡を見ることができる。恐ろしさと不安にかられたパリの住民の勇気を鼓舞し、ロロンの兵士たちに反抗するには、パリ司教ゴズランとフランク族の公ロベール・ル・フォールの勇猛さが必要であった。パリで敗れたロロンはシャルトルへ撤退した。しかし住民たちは司教を先頭に、聖母マリアのヴェールの聖遺物（現在もなお大聖堂に保存されている）をかかげて彼らを追いやった。ロロンがフランス王との会見の場におとなしくやって来て、シャルル単純王が彼に与えると言うこの地方（ほぼブレストの河口からディーヴ川の河口の間の土地）を注意深く吟味していたのは、この敗北の三か月後のことである。その後北方の人々は、たちまちこの地方を拡張していった。十世紀末には「ノルマンディー地方」はコタンタンを包含し、モン＝サン＝ミシェルの入り江にまでも広がることとなる。

ノルマンディーを与えたことでシャルル単純王は弱気を起こしたと非難された。しかし一つのすばらしい地方が、昔は海賊、今や農夫となった彼らの犂《すき》のもとに生まれることとなる。そして非キリスト教徒ロロンはルーアンで洗礼を受けロベールと名のり、後にウィリアム征服王が現われる歴代ノルマンディー公の系図が始まるのである。

ロロンは、今まで何度となく荒らしにきたこの地方をフランス王から贈られると、ただちに仲間の戦士たちに土地の分配を始めた。土地を縄で計り、数々の長方形の区画を作り、こうして垣根と森で仕切られた緑の大地ノルマンディーの風景が生まれたのである。

元海賊たちは自分たちの領土に情け容赦のない治安組織を構築した。泥棒は過酷な処罰を受けたので、金の鎖が三年間も樫の木にぶら下げてあっても誰も手にする者はいなかった。それはロロンの持ち物で、彼の領地ではこれほどまでに治安がよいということを示すために彼が自分で木にかけておいたのである。

フランス人となりキリスト教徒となったノルマン人は、彼らの土地を修道院で埋め尽くした。それは彼らの信仰心のしるしだけでなく、自らに教養をつけたい願望の現われでもある。なぜなら、当時の修道院は、学校を持っていた。歴代ノルマンディー公が自分の子供たちを教育させたのは、ノルマンディーの僧院の中でも一番重要なトリニテ・ド・フェカンである。現在のトリニテの教会には内陣の左側にロマネスクの礼拝堂が二つあり、これは十一世紀の教会の代表作である。ロロンの子孫で初期の公たち、ロロンの孫のリシャール一世や「その子の」リシャール二世はここで教育を受け、ここに埋葬されている。リシャール一世は、自分には教会の中に安置してもらう価値はないと考えて、自分の墓は教会の外の庇の下に置いてほしいと遺言した。十一、十二世紀にはこのような遺言が多い。遺言者は教会の下に

「雨《スブ・》ざらしにして《ステイリキデイオ》」と要求している。彼らの墓に落ちる雨水は天から降り、まず神の家である教会の屋根に触れるのだから聖水である。この聖水を墓は受けるという誠に詩情あふれた意向である。

ロロンの曾孫についてはムリノー村にある城の廃墟が物語っている。この名高いロベール悪魔公はこの地に住んでいた。悪魔公とは伝説上の名前で、歴史上ではロベール・ル・マニフィックの方がむしろ通りがよい。

ある日ロベールはスリジーの修道院のミサにあずかった。一人の貧者に供物係が何も与えないのを見てとった公は、すぐに仲間の一人を遣わしてこの不幸な男に百リーヴル（多額の恵みである）与えた。貧者は巾着を受けとるや司祭の後を追いかけ、供物袋へ全部投げ入れた。これを見た公はもう一度百リーヴル貧者に与えてやった。

ロベールが聖地に行ったとき、コンスタンチノープルのビザンツ皇帝はご馳走を低いテーブルの上に供した。クッションに座って食事をする習慣なのである。しかしこれはわれらがノルマン人の気に染まなかった。ロベール公と騎士たちは絹製で金糸刺繡つきの儀式用の自分たちのコートを折りたたみ、クッションの下に敷いて、座を低くしないようにした。食事を終えて立ち上がった彼らはコートを置いていった。皇帝が注意するとロベールは答えた。「ノルマン人は椅子を肩に載せて運ぶとでも思っておられるのか？」

ところでパレスチナはヴァイキングの子孫に吉兆と出なかったようだ。ロベールは高熱にやられた。ある日聖墓から戻るノルマン人の巡礼が、エルサレムの道で華々しい一行に出会うこととなる。十六人のサラセン人に護衛された駕籠《かご》を四人の黒人が担いでいる。ノルマン人は国の言葉で聞いてみた。すると帳《とばり》が少し開いてやせ細った顔があらわれた。「お前、ノルマン人か？」「はい、そうです。」「ふむ」と言って黒人とムーア人を指さしながら「われらの国の人々に伝えてくれ。彼らの公が悪魔たちによって天国へ運ばれるのを見たとな」。息子が公の跡を継いだ。ウィリアムといい、私生児だった。ロベールがファレーズの町娘アルレットとの間にもうけた子である。二人の愛の物語は、今なお目にすることができるファレーズの泉のほとりで展開した。そこで——と伝説ははっきり語っている——狩りからの帰り道、十七歳だったロベールは、若い洗濯女たちが当時そうやっていたように（ということは、ブドウを踏み潰すように素足で）洗濯物を踏んで洗っているのを見た。スカートを膝がしらまでまくり上げて、白い洗濯布の上で踊りながら笑っていた。

若い騎手はこの光景を前に立ち止まり、彼女たちが彼の姿に気づくまで長い間眺めていた。

彼女の顔色はあでやかだった。
バラやサンザシよりもずっと。

あるトルヴェール〔北フランスの吟遊詩人〕はアルレットのことをこう歌っている。

この日の夕刻、アルレットの父のもとに使者がきた。公からの一風変わった申し出である。彼の娘への結婚の申し込み——ただし内縁関係の申し出である。父親は最初は怒り、ついで当惑し娘の意向をただした。娘は美しい公を見知っていて愛を感じていたと思われる。というのも彼女は同意したのだ。こうして後のウィリアム征服王が生まれたのである。

イングランドの人々の心に残るウィリアムの人となりと壮挙の数々は一枚の長いタピスリーによって、「劇画」のように語られている。マチルド王妃のタピスリーと呼ばれ、バイユーに保存されている。

マチルドはウィリアムの妻であった。

ヨーロッパの名家との縁組みを望んでいたウィリアムは、フランドル伯ボードゥアンの娘マチルドに狙いを定めた。これを小耳にはさんだマチルドは叫んだ。「私生児と結婚するくらいなら尼僧に入った方がましだわ!」

ウィリアムはマチルドの住む町ブリュージュへこっそりとやってきて、彼女がミサから出てくるのを待ち無遠慮に彼女に近づいた。カエサルのような髪型(バイユーのタピスリーにはこのように織られている)をしたこの金髪の巨人を見てマチルドは眼をそらせた。ウィリアムは彼女に近づき、好きだと言った。彼女は黙って彼から離れた。ヴァイキングの男は彼女をつかみ、ひっぱたき、投げ倒した。それから平然と馬に乗り家路を急いだ。

一方、自宅へと送られたマチルドは「受けた一撃のショック」で病気になったが——と年代記作者は筆を進めて——「ノルマンディー公ウィリアム以外の男を夫にはしない、と父親に宣言した」。結婚式は一〇五六年、ウーの城で挙行され、「マチルドは死ぬまで彼を熱愛していた」と年代記作者は語っている。二人の愛を証明するものとして、カーンの町にそびえ立つ尖塔のある男子修道院と女子修道院が現存している。両修道院は、神が与えてくれた幸せに感謝して二人が神に奉献したものである。

結婚後数年が過ぎ、ウィリアム公は初めて妻を置いて出かけた。イングランド王エドワードの招待を受けたのである。

当時のイングランドは度々の侵入に耐えた後、サクソン系の歴代王権のもとでやっと平和が保たれていた。エドワードはこの歴代王の一人である。若い頃故郷を追われた彼を、ウィリアムは「ノルマンディーで」手厚くもてなしていたので、エドワードはノルマンディーに愛着を持っていたのであった。王位につくためにイングランドに呼び戻されたとき、彼は多くのノルマン人をともに連れてきて彼らに地位と名誉を分け与えた。ノルマンディーの一介の僧侶をカンタベリー大司教に取り立てることさえしたのである。ウィリアムはイングランドで華麗な歓待を受けた。エドワード王は彼を「息子のように遇し、数々の武器や馬、狩猟用の多数の犬や鳥を与えた」と年代記作者は記している。とりわけウィリアムを感激させたのは、行く先々のイングランド在住のノルマン人との出会いであった。その昔ウィリアムの先祖たちが侵略した国、そこで公はたえず母国語を耳にしたのだ——エドワード王の死後は自分がイングランド王になるという考えが彼の頭に浮かぶのは時間の問題であった。

この計画を妨げられるのはただ一人、王妃の親戚でハロルドという名の青年で、多くの人々が彼をエドワードの後継者とみなしていた。

ところでウィリアムのイングランド旅行から数年後、ハロルドがノルマンディーにやってきた。ウィリアム公は最高の鄭重ぶりを示して彼を迎え、敬意を表して祭りや馬上槍試合を行ない、公領内を案内した。それを見たある証人の書くところによると、「ウィリアムとハロルドは同じ幕舎にしか寝ず、同じ食卓しか囲むことはなかった」。ノルマンディーのシードル酒はまだ存在していなかった（リンゴの木の大量栽培は十四世紀以降である）がワインはあったし、ノルマンディー料理はすでに名をはせていた。主の食卓で青年ハロルドは舌づつみを打っていたと想像される。ウィリアムはしきりに彼の機嫌をとっていた。

ある日二人が並んで騎行していたとき、ウィリアムは突然、まるで大したことでもないような風をしてこう言った。

「エドワード王と余が同じ屋根の下に住んでいた頃、彼は余にこう約束したのだ――もし彼がイングランド王になったら余を彼の王国の後継者にするとな。なあハロルド、この約束実現のために手を貸してもらいたい。君の助力で王国が手に入ったら君の望みが何であろうともそれを与えることを信じてくれ」

ハロルドは驚き、動揺し、口をつぐんだ。

「黙っていることは承認したこと」という諺を信じたふりのウィリアムは「余への協力に同意してくれたのだから」と話を続け、「君が余の娘アデールを娶《めと》るよう望むよ」。

ハロルドは若く、まだ何の外交的手腕の経験もなく「どうやって逃れるのかもわからず」約束してしまった。

ただちにウィリアムは臣下のノルマンディー諸侯全員に集合をかけ、ルーアンへ数々の聖遺物箱を取りに行かせ、その上祈禱書を一冊持ってこさせた。集まった諸侯を前にウィリアムは、金の布の上に置かれた祈禱書をこの若きイングランドの男に示した。ハロルドが気づかなかったこと、それはこの金布の下には多くの聖人たちの聖遺物が入った数々の聖遺物箱が隠されていたことである。中世では聖遺物は深く崇められており、聖遺物にかけて誓うことは永遠の生命にかけて、ということであった。今日においても聖遺物は、司教がミサを行なう祭壇に収められているのではなかろうか。

「この集会を前にして余はそちに請うものだが」と公は招待客に言う。「そちが余になした約束、つまりエドワード王亡き後はイングランドを手中にすべき余を援助し、そして余の娘アデールを娶る、という約束を確認してほしい」

頑強な諸侯たちが腕組みをし、断固とした態度でこの様子を見守っている。そこで（バイユーのタピスリーはウィリアムの「行為」を一つ一つ描いてこのことをわれわれに証明しているのだが）、ハロルドは祈禱書の上に右手を置いて誓わせられた。するとただちにウィリアムが合図をする。金の布が取られる。聖遺物箱が現われる。ハロルドは聖遺物にかけて誓約したことを思い知るのであった。

その後しばらくしてエドワード王は死を迎える。ハロルドは王と宣言される。ヨークの大司教の手から一握りの戦闘用斧（サクソン族のシンボル）を授かったのである。

ある年代記作者は語る。「ある日ウィリアム公はルヴレの森で狩りの弓を張っていた。そのとき一人の使者が姿を見せた。大急ぎでやってきたのはエドワード王の死とハロルドの戴冠を知らせるためだとこっそり告げた。これを聞いたウィリアム公は長い間そのまますっかり考え込んだ。臣下の一人に弓を渡し、すばやくルーアンの館へ戻った。部屋中を荒々しく動き回り、こちらの腰掛け、あちらの腰掛けと、掛けては離れ、ひと時も落ち着かず、臣下の誰も一言も言葉をかけられなかった」

ウィリアムは急遽イングランドへ使者を送った。新王は横柄な態度で使者を迎え、自分はノルマンディー公に借りはないと公言し、力ずくでもぎ取った誓約など何の価値もなく、ウィリアムが言いがかりをつけるのなら手ごわい相手に出会うだろうよ、と言ってやった。

そこでノルマン人たちはイングランドへの侵入を企てたのである。

ノルマン人の著名な作家の一人、ラ・ヴァランドは伝記『ウィリアム・ル・バタール〔庶子〕征服王』

の中で、この侵入準備を事細かく物語っている。彼は指摘しているのだが、ノルマン船団の出発基地であった当時のディーヴ（ドーヴィルの近く）の港は、今日のそれよりもずっと重要であった。その後、海やディーヴ川の堆積物が港を狭くしてしまったのである。ウィリアムの侵略船団は、大帆船の数六九六艘という強大さで、そのうちの何艘かは長さ三十メートルもあり五十頭の馬を輸送できた。ということは大、小の船を合わせて三千艘分の兵員を運べるのであった。

一〇六六年九月二十七日、太陽は燦燦《さんさん》と英仏海峡に光り輝く。ノルマン人の陣営からは「乗船！」という叫びが響き渡った。すると五万人の金髪の戦士がぬかるみの中を突き進み、彼らの先祖ヴァイキングの憤激を今ひとたびと船へ向かって走り出した。船を浮揚させてくれる夕刻の上げ潮を待ち、それから錨を下ろし、夜になった。すっかり暗くなるとモラ号のマストに船灯がともった。これはウィリアムが乗っている艦船で、舳先《へさき》を飾っている公の紋章、ライオンの頭でそれとわかる。

海峡を渡るのにウィリアムは秋分の日を選んで天候に賭けた。この日は実際、海辺の住民は何もできない。イングランドの人は侵略者たちがこのような馬鹿げた大胆さを発揮するとは思いもよらなかった。天気はノルマン人に好都合であった。

彼らはサセックスの町ペヴァンシーに上陸した。「耳の上まで髪を刈り上げ、すその短い服を着た」射手たちがまず下船する。次いで騎手、船大工、石工、もろもろの職人たちが続く。彼らはロンドンの城塞をよじ登るための車輪つき足場、つまり「木の城」を三基作っていた。

ウィリアムは最後に下船した。地に足をつけた瞬間、足がすべり腹ばいになって倒れた。「縁起が悪い！　神よわれらを守りたまえ！」と兵士たちはつぶやいた。しかしウィリアムはすばやく立ち上がり

ウィリアム征服王の対抗者となるハロルドは嵐により敗走。マストの上から見張番がさし示すのはピカルディーの沿岸である。船のへりに並んでいる兵士たちの盾に注目のこと。マチルド王妃の刺繍(部分)、11 世紀、バイユー、司教館美術館蔵。

ながら彼らにこう叫んだ。「余はこの大地に口づけしたかったのだ。神の助けでわれわれが勝ち取ることになるであろうこの土地に！」

結局ウィリアムはイングランドを征服し「ロンドン塔」を建立した。クリスマスにウエストミンスター寺院で戴冠したウィリアムはノルマンディーで復活祭を過ごした。公としてノルマンディーを出発し、王となって戻ってきたのだ。大陸の臣下たちからは歓呼の声で迎えられた。ノルマン人は全員、家や畑、船から飛び出して王の凱旋をともに喜んだ。キリスト教国ではありえぬことだが、修道士たちは掟を破り、四旬節〔節制・禁欲の期間〕を中断したのだ！

ところがウィリアムの勝利も長続きはしなかった。臣下の、しかも重要な臣下の一人の反逆に立ち向かうこととなる。その名は実の息子のロベール。イングランドを最終的に征服したウィリアムが長い戦いと激しい精神的苦しみの年月を経て一〇八七年に亡くなったのは、心打ちひしがれてのことである。すべてに見放され死の床では敷布までがはがされ、自室の土間に裸のままにされて——これはまさしく彼の犠牲者ハロルドがヘイスティングの戦場で亡くなったときの姿であった。その上ウィリアムは墓に入るときまでも人々の抗議を受けた。カーンのサン・テティエンヌの内陣に掘られた墓に彼の遺体を埋葬していたとき、そこに居合わせた人々の中から声があがった。出自の良さがわかる語調の農民の声だった。

「サン・テティエンヌ修道院が建てられたこの土地は、かつてウィリアム公がわが父から盗んだものです。ですから私は公を私の土地に埋めることに神かけて反対します……」

ノルマン人のように法治国家の民のもとでは法の力は誠に強く、調査の結果この農夫の言いぶんが認められた。農夫から土地を買い取るための募金を行ない、やっとウィリアム征服王の埋葬ができたのである。

イングランド制覇の結果、イングランドはノルマンディーの属領になった。ところが事の成り行き上状況はたちまち一変して、ノルマンディーがイングランドの属領となるのに時間はかからなかった。フランス王は封臣であるノルマンディー公がこのような勢力を手中に収めるのを見て、決して心穏やかではいられなかった。

ジゾールのすばらしい城はフランスとイングランドの交戦のたびに行なわれた交渉の思い出の舞台であり、両国の二人の王の会見はいつもこの城で行なわれていた。ジゾール城はノルマン人の手になる軍事的建造物の初期の一例である。城には代々の所有者のしるしが残っている。捕虜の塔はフランス王によって建てられ、他は歴代のノルマンディー公によるものである。

ウィリアムは領地を二人の息子に分け、長男である反逆者ロベール短袴公（彼は短いブーツを履いていた）にはノルマンディーを、二男の赤毛のギョームにはイングランドを与えていた。二男は一一〇〇年に狩りの事故で死亡、父が死んだとき、夢想家でかなりのぐずのロベール短袴公は聖地にいたが、帰国の途中イタリアで手をこまねいているうちに、三男のヘンリー・ボークレール（父は彼に一文も残さなかった）が二人の兄たちの相続分を手中に収めてしまったのである。ロベール短袴公は不人気でノルマン人の支持を得てはいなかった。弟に敗れたロベールはヴィールとフレールの間のタンシュブレで捕らえられ、ウェールズのカーディフ城に送られそこで亡くなった。その息子のギョーム・クリトンをフランス王は、ヘンリー・ボークレール王を失脚させるために支持したのは当然である。こうして両国間には敵対関係が生まれることとなる。とはいっても封建諸侯の流儀での合戦を繰り広げただけである。つまり、手負いの数を増やさぬよう短期間の戦闘である。ブレミュール（美しい参事会教会がそびえるエクイスとフルリー＝シュール＝アンデル〈ともにウール県〉の間に広がる平原）での戦闘ではヘンリー・ボークレールは、当時の年代記が語るところの莫大な数の軍隊を結集し、死者は三人であった。フランス王のルイ肥満王は大敗を喫した。王は封臣であるイングランド王の捕虜にもうすこしでなるところで、アンドレイまで全速力で逃げざるをえなかったのである。

最終的にはヘンリー・ボークレールがジゾールでノルマンディーに対する臣従の誓いを行ない二人の王の間に平和がよみがえった。その直後にかの名高いブランシュ・ネフ（白い船）の不幸が起きることとなる。ヘンリー・ボークレールは家族全員とバルフルールから乗り出そうとしていた。そこへブランシュ・ネフ号の船長がやってきて、王を乗せる栄誉に浴したいと強く願い出た。かつて王の父ウィリアム征服王が海を渡ったとき、王の船モラ号の舵をとったのは彼の父であったことを光栄に思っているのである。ヘンリーは彼を傷つけまいとして、けれども自分は他の船に乗ることになっていたので二人の息子と娘を供の者たちといっしょにブランシュ・ネフに乗せようと決めた。若い王子たちは乗組員にワインをふるまった。それがいけなかった。天気は快晴、王の乗った船は英国海岸へ向けて満帆をあげて速力を増す。ブランシュ・ネフは追いつこうとしたが舵取りは岩礁を避けることができなかった。今日ガットヴィル（シェルブールの東方）の灯台が立っている地点である。船は一瞬のうちに沈没した。（王の船では）誰も騒ぎの原因に気づかなかった。ルーアンの肉屋一人を除いて全員が命を失ったのだ。肉屋はベルーと言い、船の残留物につかまることができ、着ていた羊の皮の上着が寒さから彼を救ってくれた。彼は、舵手がどのようにして水面に浮かび上がって「王子はどこに？」と叫んだかを語っている。全員が没したと知るや舵手は自ら海底へ沈んでいったという。

この恐ろしい災厄が王に与えた衝撃は大きく、「以後、王が笑うのを見た者はいなかった」と年代記作者たちは語っている。あとには王の娘マチルドだけが残された。彼女は九歳のとき、ドイツ皇帝ハインリヒ五世と結婚したが、皇帝が亡くなると彼女の父ヘンリー・ボークレールはアンジュー伯領の若き後継者ジョフロワ・ル・ベルと再婚させた。人々は彼をプランタジネットと呼んでいたが、それは彼がいつも帽子にエニシダ《ジュネ》の花を好んでつけていたからである。彼らの息子のヘンリー・プランタジネット（このあだ名は家族に受け継がれていく）は、こうしてノルマンディー、イングランド、アンジュー、メーヌ、トゥーレーヌ地方といった広大な領土の相続を受けることとなる。フランス王の小領土は封臣プランタジネットの領地に比べれば貧弱なものであった。フランスのルイ七世が、ギュイエンヌの豊かな土地とポワティエ伯領をもたらしてくれたアリエノール・ダキテーヌと結婚したときには、フランスとプランタジネット家の勢力の釣り合いがとれそうだとしばらくは信じられていた。ところが何と！一一五二年にフランス王夫婦は離婚、フランスはアリエノールの領土を失ってしまった。その上、不都合なことに、その六週間後アリエノールはヘンリー・プランタジネットと再婚したのである。こうして二十一歳のヘンリーはキリスト教圏の中で最も力のある王となりおうせた。

何回かの戦闘行為の後、ヘンリーとフランス王の会見がもたれたのは、またもやジゾールにおいてである。その際、ルイ七世の娘（再婚で生まれた女の子で生後六か月）とヘンリー・プランタジネットの息子（三歳）の婚約が取り交わされた。赤子は、今まで両国の王が取り合ってきたジゾールおよびノーフルの要塞、それにノルマンディーのヴェクサンの要塞をも婚資として持参することとなる。当時の風習に従って、婚約者であるフランス王女は将来の義父のもとに連れられて養育を受けた。ヘンリー・プランタジネットは一日も早くフランス王女の持参財産に手を付けたかったので、ある日幼い二人の結婚式を挙行させた。二人の年を合わせても九歳であった。

かつてノルマン人に与えてしまったノルマンディーは以後、歴代フランス王の第一の悩みの種となるのである。プランタジネット家の王は、イングランドの王ではあるが、何よりもまずアンジューの人（リチャード獅子心王などは、一生のうち数週間しかイングランドに住んでいない）であり、パリの君主に臣従を誓ってはいるものの、その権力はフランス王をはるかに凌ぐものであった。

一一七三年、フランス王ルイ七世はヘンリー・ボークレールが立てたヴェルヌイユの要塞を包囲した。戦闘は［ルイ七世の息子の］フィリップ・オーギュストの即位とともにその激しさを増すこととなる。

フィリップ・オーギュスト王は子供の頃からジゾールの城をわが物にすると誓っていた。「ジゾールの岩が銀か金かダイヤモンドでできていたならなぁ」と声高に言っていた。人々が驚くのを見て、この子（当時十歳）はこう説明してやった。「この城が貴重なものであればあるほど、それが手に入ったらよけいうれしいだろうから」

当時は十字軍の全盛時代であった。戴冠したフィリップ・オーギュストとリチャード獅子心王（ヘンリー・プランタジネットの息子）は、一一九〇年、ともに十字軍出発を決めた。ところがフィリップ・オーギュストは最初に帰国の途につき、リチャードの弟ジョン失地王とうまく交渉してオート・ノルマンディー地方を急ぎ譲らせようとはかった。それが悪かった。というのも、そのお返しにリチャードは帰国後フィリップ王にフレトヴァルでの惨敗を負わせたのである。フランス王は財宝や文書類を戦場に投げ捨てての逃亡を余儀なくさせられた。

リチャードの存命中、フィリップはほとんど敗北しか喫することがなかった。しかしリチャードが亡くなると、直ちにジョン失地王の弱点を逆手に取るのに怠りはなかった。ジョンはほとんど責任無能力者で、極端に移り気で、遅かれ早かれイングランドの諸侯からもノルマンディーの人々からも嫌われてしまう。フィリップの最大の快挙はガイヤール城の奪取である。これはリチャード獅子心王がフランス王の攻略に備えて建てたもので、当時の築城術の粋が最大限に生かされ難攻不落とされていた。しかし、フィリップは八か月の包囲の後、一二〇四年三月六日、城を支配するに至ったのである。彼はまず角の塔の一つを崩すことに成功し、三の丸に侵入した。二の丸は一人の兵士の機転で敵の不意をついて乗り越えた。兵士は手洗い所より入り込み、火を放ったのだ。しまいには、天守閣に開いた突破口から突入し最後の防衛兵を制圧した。この結果の報告を受けたジョン失地王は完全に気力を失っていたので、フィリップ・オーギュスト王はイングランドの軍隊を構成している傭兵どもと交渉せざるをえなかった。こうして、ごく短期間にルーアンを除く、全ノルマンディーがフランス人の手に落ちた。ルーアンだけが少々抵抗を示したが、四十日間の包囲の後、市民たちは休戦を申し出、彼らの王が一か月以内に助けてくれなかったら降伏すると約束した。使者がジョン失地王のもとへ馳せた。王はチェスに興じていた。ルーアンの代表団は、町に援軍を送ってくれるよう王に哀願した。ジョン失地王はチェス盤から目を離しもせず、頭を横に振った。したがってルーアンの町はフランス王に城門を開いたのである。三世紀にわたってイングランドの王に属していたノルマンディーは、こうして全域がフランス王国に属することとなった。

もっともノルマンディーの人々が最終的にフランス人となるためには、エーヌ〔ピカルディー地方〕のブーヴィーヌの戦いでの勝利が必要であった。ノルマンディーをフランス王領として取り返したフィリップ・オーギュストは、この地方の国ざかい、マントで亡くなることとなる。

豊富な冒険物語をその建国において有しているノルマンディーは、ずっと強い個性を持ち続けていた。フランス王はそれを一再ならず味わされたにちがいない。なかんずくノルマンディーの人々は証書（「ノルマンの特許状」）の発行を強要し、これにより王はノルマンディーでの特別税の徴収と、年に四十日間の定まった期間以上の兵役延期ができなくなった。同じくこの証書により、ルーアン議会には最高法院としての権限が与えられた。財務府としても機能し、エシキエ〔チェスボード〕と呼ばれていた。なぜなら議員たちが、そのまわりに座るテーブル上のクロスが碁盤縞になっていたからである。この格子模様は単なる飾りではなく、計算機として使われた。どの格子にコインを置くかでコインの価値に差がつく。この場所はリーヴル、あちらはスー〔二十分の一リーヴル〕、もう少し離れた所はドゥニエ〔一スーの十二分の一〕を表わすといった具合である。

この「エキシエ」の時代（十三世紀）は華々しい時代であり、ノルマンディー繁栄の時期と合致する。クータンスやリジューの大聖堂、バイユーのカテドラル（身廊はロマネスクだが、内陣はゴシック）は、当時のフランス・ノルマン様式の傑作であり、そのすばらしさはウーやフェカンやディエップ（サン＝ジャック教会）、そしてルーアンで今なお目にすることができる。

2　修道士の国ブルゴーニュ

トゥルニュの町に四角い二つの鐘楼がそびえているが、千年前にはそこに小さな礼拝堂が立っていた。アジアからやって来た聖人ヴァレリアヌスがローマの兵士たちに殺されたのはこの場所だとこの地方の人々は断言する。何人かの修道士の群れがソーヌ川のほとりを長い間歩いてきて、ある日、聖ヴァレリアヌスの小礼拝堂の前でとまった。黒衣をまとった貧しい旅人の群れは、念入りに加工された金属製の小箱を大切におしいただいていた。それは彼らの初代修道院長、聖フィリベールの遺骨の破片を納めた聖遺物箱であった。

彼ら修道士たちは遠くからやってきた。彼らの僧院はメロヴィング王朝時代にさかのぼり、ノワルムティエの島〔ヴァンデ県〕に建てられていた。ところがある日、海上が変わった形をした艦隊で覆われ、北から来た男たちが島の沿岸に上陸した。彼らは異教徒で僧院を敬いはしない。すべては略奪された。逃げ出すことができた何人かの修道僧は四十年の間、隠れ家を建てては追われ、ねぐらからねぐらへとさまよっていたのである。略奪者は川をさかのぼり、あちこちの町を所かまわず侵し荒し続けていた。

修道士の大半は途中で死亡し、ノルマン人の侵入（これについては前章で述べた）という集団移動の災難から逃れた人々は、彼らの聖人の聖遺物と彼ら自身のための確かな住まいをこの地ソーヌ川流域に見つけることとなる。そして再び礼拝堂と修道院の壁を築き上げたのである。

この地方の領主や近在の百姓たちは教会へ祈りにやってきた。しばらくたつとまたもや侵入（今度はハンガリー人）に会い、ノワルムティエ島の修道士たちの汗の結晶は破壊された。しかし修道士たちはすぐに再建にとりかかった。聖フィリベールの聖遺物に対する崇敬の念があまりにも大きく、またこれら黒衣の僧侶たちが与える献身の情があまりにも篤いので、当地を訪れる人々が多く、巡礼や信者の群れを収容するのに今回は広大な身廊を建てねばならなかった。今でもパリから地中海へ向かう道を行くとこの身廊を仰ぎ見ることができる。

侵略にたえうる城塞として建てられたトゥルニュのサン・フィリベール教会のファサードに目をむけさえすれば、そして広大な白い身廊の中へ数歩足を踏み入れさえすれば中世の人々は皆信仰心を持っていたことが理解できるのである。教会には信者たちの歌声が鳴り響き、道路にはひっきりなしに巡礼たちが行き交う。あたかも今日、映画スターやある国の王妃が民衆をひきつけるように、聖遺物は群集を吸い寄せる。そして聖人は満艦飾で飾られていたのだ。

したがって逃げまどってきたひとにぎりの修道士たちがある日ソーヌ川べりに留まり、数年後には僧院の最盛期を誕生させたとしても何ら驚くにあたらない。ブルゴーニュは鐘楼で覆われる。僧院建築者たる修道士たちは信者をひきよせるだけでなく、召命の呼びかけも行なった。それにこたえて領主の一人、ギヨーム敬虔侯はマコン近郊の自分の領地の一つを修道士たちに与えている。そこにクリュニー修道院が建ち、ブルゴーニュの繁栄はここから生まれることとなったのである。数々の学校、病院、それに建築や芸術の傑作がクリュニーの恩恵にあずかっている。いうまでもないことだがブルゴーニュのブドウ畑もまた違う意味で、クリュニーの恩沢をずっと受けているのである。

封建時代の初期の段階ですでにブルゴーニュには活気ある生活が宿っており、中世も終わりになると本書の最終章で述べている通り歴代のブルゴーニュ公のもとで人々は洗練された生活を営むこととなる。ブルゴーニュにこのような飛翔を与えた人、それは祈りと孤独以外の使命を持たぬ人、つまり修道士なのである。ところで修道士とは何なのであろう。

この言葉は「孤独」を意味する。六世紀に活躍した聖ブノワは西洋の修道士たちの慣習をベネディクト会則に取り入れた人物だが、最初は隠者であった。その後東洋のある種の修道士をまねて、違った形の観想的修道生活を送るに至った。「共住苦行者」の生活、つまり共同生活である。彼は弟子たちに多少手直しをした会則を与えたが、それは現在でも修道院で実行されている。

われわれにとって修道士とは高い壁の向こう側に取り残された、少々かけ離れた存在である。禁域は修道士を外界から遮断し、世俗の生活に交わることはない。それが修道士のイメージだが中世では全く違っていた。僧院は俗人にとっても修道者にとっても生活の中心であった。教会やいわゆる町人の家のまわりには多数の細民、農民、職人たちが住んでいて、彼らの土地は修道院に付属していた。というのも、信仰心の篤いこの時代には、人々は修道士に多くを喜捨し、修道院は往々にして広大な土地を持っていた。貧困、貞潔、従順という三つの誓願をなした彼ら修道士たちは、裕福ではない。彼らの生活はどうなのか、われわれ自身で見てみよう。そのために、修道院の中を歩き回ってみよう。たとえばフォントネの感銘深い内庭回廊を訪れよう。四つの回廊は半円アーチ形のアーケードでふちどられ、縦横三十六メートルと三十八メートルの広い長方形を形づくっており、今日まで何の損傷も受けず保存されている。

内庭回廊は僧院生活の中心をなすものである。休息時には修道士たちはここに集う。または天気が悪くて畑仕事ができないときは回廊に姿を現わす。そこで散歩し瞑想し、壁にもたせかけた腰壁に座って休んだりする。祝日に行列が展開されるのも内庭回廊である。きびしく閉ざされた生活環境ではあるが、そこでは一本の花、一個の噴水の眺めも生活を和らげ、空からさす光も晴れやかな雰囲気をかもし出すのである。

回廊の一つの扉は教会へ続いている。中世のすべての教会がそうであるように、教会は「向きが決まっている」、つまり東方に向いている。したがって季節がよいと修道士たちは内陣のステンドグラスを通して日の光が上がるのが見えた。これは賛課のミサ、即ち頌詞の時間帯だが、これから修道士たちの一日が始まるのではない。すでに朝二時、朝課の祈りのために起き上がるのである。寝室は大体において礼拝堂に直結している。フォントネでは階段（現存している）を通って南（右側）の交差廊に通じている。この二回の朝の祈りの後、修道士には自由時間が与えられる。彼らは内庭回廊へ行ったり、冬は「暖房付休憩室」で時を過ごすのであった。暖房室は回廊の角に面し、その名が示すように僧院でただ一つ火をたける部屋であった。屋根付共同洗濯場に言及するのを忘れてはならない。ここでは水が二十ばかりの水管から吹き出ている。フォントネにはその形跡しか残っていないが、他の多くの修道院に、ことにトロネ（ヴァール県）修道院には当時のままの姿で残っている。聖ベルナールの改革による修道

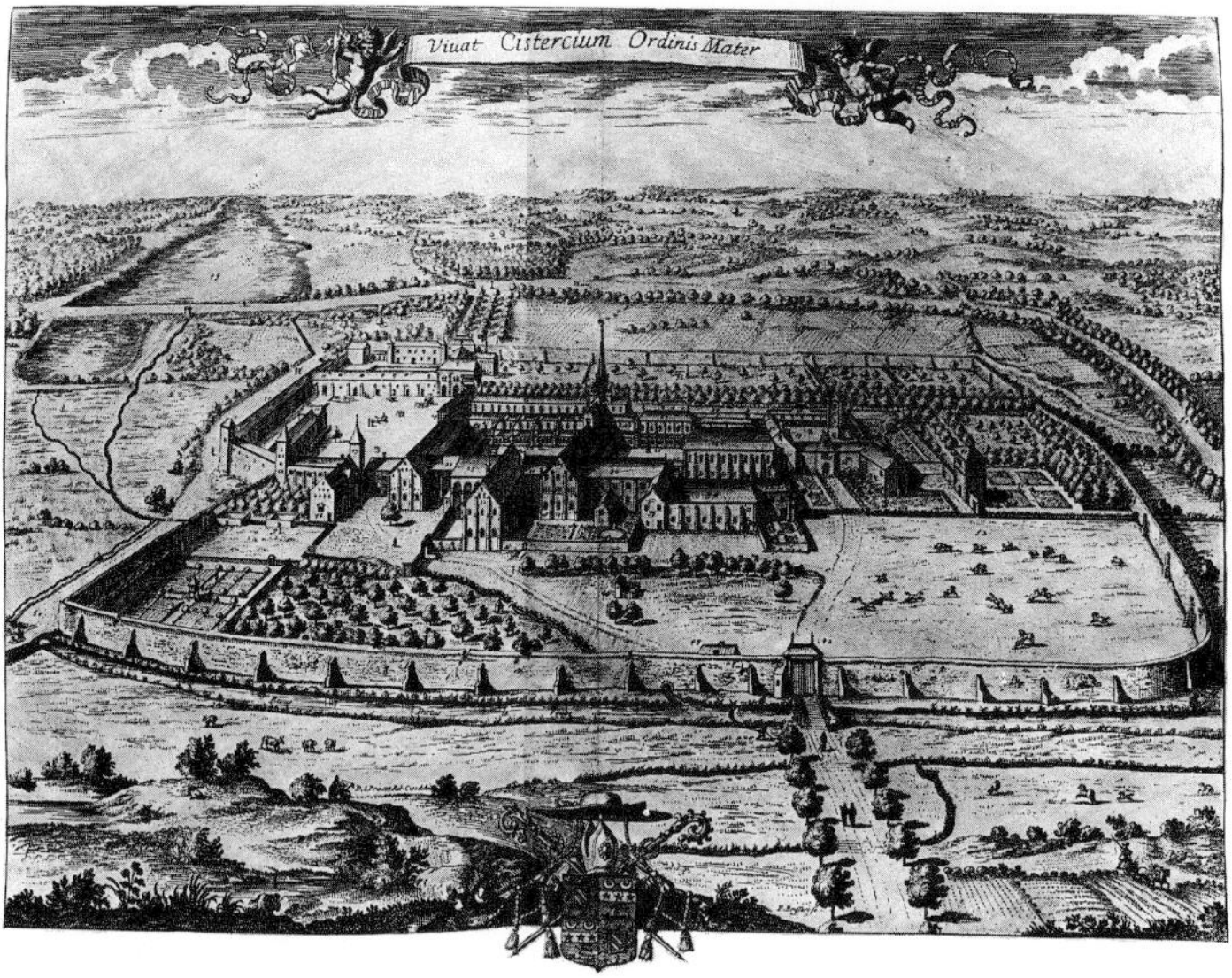

シトー大修道院の全景(コート＝ドール県)。版画、17 世紀。パリ、国立図書館蔵。

院で最も美しい全体像を持ち、今日までずっと保存されてきた修道院の一つがこのトロネである。

ミサの鐘が鳴り出した。グレゴリオ聖歌のすばらしい音調がステンドグラスの窓を通して広がってくるときである。現在でもソレーム（サルト県）やその他のベネディクト会修道院で耳にすることができる。

ミサが終わり九時頃になると一日の仕事が始まる。修道士たちは畑へ、工房（製粉、鍛冶、ガラス製造等）へ、または巡礼や客人を迎え入れる宿泊室へ、看護室（その前方には薬用植物を栽培する「薬草の庭」が広がっている）へ、あるいは学校または「聖歌隊養成所」へと行く者もいる。当時は、学生たちは皆歌うことを習っていたのである。

ブドウの刈り込みにしろ、病人の世話にしろ、修道士は自らを奉仕する人と見なしていた。だからこそクリュニーで教育をつかさどっていたベネディクト会の学僧たちは生徒が教室へ入ってくると立ち上がって迎えるのであった。

戸外では修道士は土地を耕し、ブドウを刈り込み、動物の世話をし、ときには沼沢地の干拓のような重労働も行なっていた。

僧院には二つの大きな部屋、食堂と総会室がある。総会室では修道士が毎日、院内の問題を討議、決定する。ときには自らの会則違反を皆の前で告白する（「違反告白」）。それにより違反者はしばらくの期間「監禁」されたり牢に入ったりすることもある。他の修道院の出来事もここで知ることができた。過去帳が読み上げられるのも総会室においてである。修道僧が亡くなると——特にそれが修道院長の場合にはなお更のことだが——二人の修道士が僧院から僧院へと知らせに行くのが慣わしであった。各修道院は修道士が持ってきた羊皮紙の過去帳に故人をしのぶ祈りや詩を記載する。これは諸聖人の交わりの象徴である。これら過去帳のうち何点かが現存している。なかでも国立古文書館に保存されているサヴィニー修道院長、聖ヴィタルのものは羊皮紙の長さ九メートル五十センチを下らず、一枚一枚が縫いつけてある。修道士はこれをかかえてフランスを、イングランドを駆け巡ったのである。パリの郵便博物館は、当然ながら、これを最初の郵送手段とみなして、その複製を陳列している。

修道士は学者でもあった。各修道院には図書室《アルマリウム》と書写室《スクリプトリウム》があった。修道士たちはそこで学術書や聖典を学び、それを書き写した。というのも印刷本はまだ存在していなかったのである。興味深いことだが文字と建築は互いに密接な関係にある。十一、十二世紀には文字はふっくらと丸みを帯び、その形はロマネスク建築を連想させる。十三世紀に入りオジーヴ構造（「ゴシック」）の全盛期になると、字体はもっと角ばり、草書体となり、先がとがった文字が屹立する書体は、当時の大聖堂の尖塔を思わせるようになる。写字生たちは書写するにあたって宗教的あるいは世俗的題材の彩色挿絵を描いて写本を飾るのを忘れなかった。ときに彼らは農奴がブドウの実をしぼり、ブドウの木を刈り込むのをみてそれを彩色挿絵にして楽しんだりもしている。この写字生の仕事は精神生活に対する物質面のお返しをともない、国を豊かにするのに貢献した。というのは一枚の羊皮紙をつくるには一頭の羊が必要である。羊の脂身を取り除き軽石でこすった皮の上に書く、ただし最も重要な写本のためには、死産した子牛の皮が用いられていた。たった一冊の写本がときには羊の群れに相当していたのである。四百冊もの写本を有する修道院もいくつかあった。ということはこれらの羊の毛はすべて織られ、肉は食べられていたのはいうまでもない。

しかし羊皮紙だけが修道院がその地方にもたらせた数々の富だというわけでは決してなかった。完璧を好む修道士たちは各々の活動の分野において熟達した技術者になるようにしむけられていたのである。最も美しい草原、最も立派なブドウ畑、最良の製品は修道士の手づくりである。

その結果として僧院および僧院をとりまく環境の繁栄が生まれる。ブルゴーニュにはこうして独特の豪華な住まいが建ち始めるのであった。

クリュニーでも次々と建造物が建ち始めた。その石材と骨組みは数世紀を通して健在である。大修道院付属聖堂（鐘楼のある塔を除き、現在では破壊されている）は全西洋で最も威厳のあるロマネスク建築であった。長さ一七一メートル、横幅三十九メートル、三〇一個の窓から入る日の光が三十メートルの高さの身廊に輝いていた。あたかも訪れる人々をクリュニー修道院の威光で遠くから引きつけるように七つの塔がそびえ立っている。

修道院の領地の境界は城壁であった。ある日、二人の騎士がやってきて門を叩いた。扉を開けた修道士は、そこにクリュニー修道院長ユーグの父と兄を殺した人物を認め、恐れおののいた。殺人の罪で追われている彼らは、教会の持つ不可侵権に頼らざるをえなかった。聖域に避難した者は誰でも法の裁きから免れえたのである。門番は事の次第を修道院長に伝えた。「門を開けてやりなさい」が院長の返事であった。騎士は救われたのだ。これが修道士であった。彼らが人々の崇敬を集めていたことが理解できる。

絵画と彫刻は自然の結果として華麗に花開くこととなる。フレスコとロマネスク柱頭とステンドグラスの偉大な時代の到来である。クリュニー修道院支配下のブルゴーニュの豪華な芸術作品の一例をあげる――修道院から少し離れた所に今もなおベルゼ＝ラ＝ヴィルの修道院分院が立っている。修道士の城と呼ばれているいくつかの建物がある。若い修道士のための田舎の別荘のようなもので修道院に食料を供給する農園の一つで、クリュニーで消費する燕麦と小麦はここで作られていた。したがって全体像は農園の様子を呈しているが、中に入ると礼拝堂がある。ところでこの田舎の館の簡素な礼拝堂の中で一八八七年、ロマネスクのフレスコの最もすばらしいものの一つ「栄光の」キリストが発見された。クリュニーではすべてが宗教芸術に仕えるためのきっかけとなっていたのである。

しかしここに聖ベルナールの改革の声があたかもブルゴーニュのうっとうしい夏のさなかの雷のごとく、とどろき渡るのであった。

ブルゴーニュの貴族の息子ベルナール・ド・フォンテーヌは修道士となった。今日ブルゴーニュを旅すれば行く先々で、この聖人——教会が教父の列に数え上げた最後の人——の思い出に出会わぬことはない。〔彼の名の〕フォンテーヌはディジョン郊外の名称である。またモンバール（コート・ドールの都）は彼の母の名字である。父方の城（現存している）の塔からは北にラングルの台地を、南にコート・ドール地方を、西にシトーの森が眺められる。ヴェズレーではベルナールは十字軍参加を説いた。彼は〔自分が建てた修道院に〕自ら「明るい谷《クレルヴォー》」と命名した。シャティヨン＝シュール＝セーヌにあるサン＝ヴォルル教会は、少なくともその後陣は、若いベルナールが学んでいた頃の姿を残している。この教会内の学校で彼は教育の三段階（文法——読むことを習う——、修辞学——話すことを学ぶ——、弁証法——討議の方法を学ぶ——）を修めたのだ。

ベルナール・ド・フォンテーヌは修道僧になろうと決心したとき、七つの塔が誇らしげに立っているクリュニー修道院の高台に登ろうとはしなかった。反対にシトーの谷の樹木で覆われた湿地帯へと下りていったのである。これより十四年前に、クリュニーのあるベネディクト会士〔ロベール・ド・モレム〕が数人の仲間をつれて〔一〇九八年に〕隠遁した場所である。彼らは黒衣を脱いで白衣に着替え、日課の勉学の時間を減らして手仕事の時間を多くとり、年間の禁欲期間にもう一つ禁欲の節を加え、食事から魚と卵をはずし、新しく建てた彼らの僧院からは、フレスコもステンドグラスも彫刻も遠ざけていた。シトー会のこの厳格な規則故に新入信者の数は少なく、その上高い湿度の影響で少数の「シトー会修道士」は一人また一人と死んでゆき、あとには空の独房が残るのみであった。

ある日、勇気をなくしたシトーの院長は、残っている修道士の仲間の一人で死の床にある僧に終油の秘跡を授けていたが、奇妙な命令をこの瀕死の者に下した。

「汝に命ずることがある。汝が修道院長に誓った従順の誓いにかけて神に、われわれに試練を与えられる神に聞いてくれ。神はわれわれの規律を喜んではおられないのかどうか。そして神意によってわれわれは解散すべきなのか否か。神の返事を持ってきてくれ」

この僧の死後数日がたち、修道院長は回廊で瞑想していた。突然彼の前に亡くなった修道士の姿があった。生前となんら変わった風ではなかったが、ただ、足は地についていなかった。

修道院長はまず、彼の現状を聞いた。死者は正義のものに約束された報いを受けていると院長に伝え、こうつけ加えた。「シトー会の継承者たちはアブラハムの末裔に匹敵するであろう。その数は天の星のように多くなる。近々若い男たちの群れが僧院の門を叩きに来るだろう」

数日後、若いベルナール・ド・フォンテーヌがシトー会へやって来た。一人ではない、やせた若い男、度々の断食と徹夜ゆえにすでに頬は落ちているが、熱気を帯びた声と説得力のある弁舌をもつこの男は、伯父、兄弟、従兄弟、そして友人たちの供を連れてやって来たのである。彼らは三十人。白い服を着ていた。

数年後、ベルナールが二十六歳のとき、その聖徳ゆえに彼はシトー会修道院長となった。他にも数々のシトー会修道院が生まれることとなり、会士の中からは教皇も出たのである。この間ベルナールの名声は彼の僧院の壁をつきぬけて広まった。人々はこの聖者を見、声を聞き、身体に触れたいと願った。病人たちは彼に触れて治ったのであるから。

名声は彼を呪いのように苦しめた。彼は孤独だけを夢見た。シトー会修道院に入ったとき、彼は「身体を戸口に置いて来てしまった」。訪問客が彼に会いたいと懇願するとベルナールはフードつきマントで顔を覆って、面会室に入る。彼は何も聞いていない様子で、客人に対しては神にまかせなさい、と進言し、戸口に向かって手探りで歩いて行くのであった。

彼の食事はゆでたブナの葉数枚、それに蒸した麦とキビのパン。料理の味をすっかり忘れてしまったので、水のつもりで油を飲んだことがあったほどである。彼は瞑想し、そして語る。「本の中よりも森の中からもっと多くのものを得るだろう。師の口からは聞こえないものを樹木は教えてくれるだろう」

心ならずも、彼の全行為には雷の如き輝きがあった。仲間の一人が彼から去ってクリュニーに入ったとき、ベルナールが彼に戻ってくるよう勧めた手紙が黒衣の僧と白衣の僧たちの間に敵対感情を引き起こした。人々は論争にけりをつけるよう彼に頼み、彼も同意した。それがまた新たな物議をかもした。というのも禁欲に対するほとばしる熱情から彼はクリュニー修道院の柱頭やフレスコに関して次のように書き送ったのである。「この装飾は修道士と何の関係があるのだろうか？　教会の見上げるばかりの高さ、その桁外れの広さ、祈りをささげる人々の目をひき、精神的情熱をさましてしまうような修道僧の高価な衣服や、奇妙な絵……などについては何も言うまい。これらはさておき……汝らが言うようにすべては神の栄光をたたえるためだと仮にしておこう。けれども私自身僧侶であるから、このことは他の僧侶たちに聞いてみたい。清貧の指導者である貴方がたよ、聖域の中で金は何かを作り出すのだろうか？」

これは聖ベルナールがこういう形で教会内に持ち出した厄介な論議である。彼の論拠は彼の修道院、つまりフォントネ、ポンティニー、クレルヴォー等、シトー会修道院から分かれた僧院である。シトー会修道院の厳しい戒律は石材にもステンドグラスにもおよんでいる。しかしこれは美の排除を意味するものではない。ここにこそ当時の創造者の才能が発揮されるのである。クリュニー派修道院の豪華な美しさに比べて、清貧の環境下のシトー派修道院の美しさが劣るということはないであろう。

こうして「世間の塵芥を振り払う」ことのみを渇望する彼は、教会の初期の規律に戻るよう修道院に働きかける改革者として、全教会の目にうつることとなる。彼の熱誠は留まるところを知らず、次は司教の豪奢ぶりを攻撃し、こう叫んでいる。「教会は四方《よも》に輝く。しかし貧者は空腹を抱える」。往々にして司教が同時に領主であったこの時代には聖ベルナールの雷のごとき怒号は高位聖職者の贅沢を批判する巷の格言に通じるものがあった。「木の司教杖には金の司教、木の司教には金の司教杖」〔立派な司教は木の杖を、とるにたらない司教は金の杖を持つ〕

王とてシトー会修道院のこの僧侶の前では容赦はされなかった。サント・ジュヌヴィエーヴ山のふもとのサン＝ヴィクトールのパリ修道院が改革を取り入れたことに反対したルイ六世王にむかってベルナールはおどしの言葉を吐いた。「天にましますは主は、王族の命さえ奪う恐ろしい主である」。そのしばらく後のことだが第一王子フィリップはパリを騎行していたとき一頭の豚が王子の馬の股の間に飛び込んできた（当時の道路には掃除用の豚が放してあった）。馬は倒れ若い王子は引きずられ、間もなく亡くなった。

「われは当代のキマイラ〔ライオンの頭、ヤギの胴、蛇の尾を持ち火を吐く怪物〕なり！」――観想的生活への召命を日々の喧騒たる生活との間で引き裂かれたベルナールはこう叫んだ。絶え間なく彼は僧院に戻り、かと思うと絶え間なく世間は彼を呼び戻しに来た。ローマ教皇座を二人の教皇が争っていたとき、キリスト教団が調停を懇願に行ったのはベルナールのもとであった。

そこへもう一つの使命が中世のこの偉大なる僧を待っていたのである。

ベルナールはごく若い頃から、当時の全ての人がそうであったように十字軍の物語に熱中していた。キリスト受難の地を異教徒から奪回しようと、フランスの騎士たちが総動員して聖地へと出発していた時代である。これら十字軍士たちはパレスチナに城塞を建て、巡礼がキリストの国へ自由に近づけるよう保護していたのである。ところが一一四四年〔パレスチナの〕キリスト教徒の公国の一つ〔エデッサ伯領〕がアラブ人の手中に落ちた。

高位聖職者とのもめ事で破門されていたフランス王ルイ七世は、名誉回復を熱望していたので新たな十字軍勧説を教皇に願い出た。しかしこれには偉大なる人物の音声と高い演壇が必要である。教皇はベルナールとヴェズレーの丘を指定した。

コンポステラへの巡礼者たちにとっては名高い中継都市であるヴェズレーに、一一四六年復活祭の日、四方八方から騎士、高位聖職者、民衆たちが集まって来た。アスカンの小村へ通じる坂の上には演壇がしつらえてあった。

胸に十字架の布をつけたルイ王の側に、死人のような顔色の、しかし燃えるような眼差しのか細い一人の僧侶が歩いて行く。ベルナールである。

演壇に上がったこの聖僧は、かつて三十人の仲間を修道院へと引き連れていったときのあの音声を、今一度発するのであった。今日はその声は群集の上を通って谷間へと響き渡った。先ず聖地でのキリスト教徒の苦しみを訴えてから、十字軍には天国が約束されていることを想起させた。

ベルナールの声が止むと、群集はそれに答えて叫んだ。「十字軍を！　十字軍を！」聖人は何人かの額に十字を切った。彼は自分の粗末な僧衣を切り、その小片を人々に分け与えた。群集は演壇に襲いかかり、壇は崩れ落ちた。しかし犠牲者は出なかった。

数日後ベルナールは教皇に手紙を書くこととなる。「町も村もひとけがなくなりました。女七人に、やっと男が一人です」。男たちは皆十字軍に出発したのだ。

最後にもう一度ベルナールは、彼がその中核であった修道士の国ブルゴーニュへと人々の注意をひくこととなる。彼が隠遁の場所と定め「明るい谷」と名づけた谷間で今や終焉を迎えようとしていたのである。

ヴェズレーでは礼拝堂のアーチがいくつか今もなお残っており、そこに演壇の残骸が革命までは（革命によって散失してしまった）大切にあがめられていた。「神への熱誠がわれをさいなむ！」といっていた人が説教した演壇である。

3 イル＝ド＝フランス、王領

もしも貴方がコンピエーニュを通って、ある廃虚の前にやって来たとしても、おそらく気にもかけずに通りすぎてしまうかもしれないが、そこにはわが国の歴史上、もっとも特異な事件の一つに数えられる出来事が繰り広げられた場所――サン＝コルネイユ修道院跡がある。

この聖なる場所がまだ壊れずに残っていた頃、つまり十世紀のある春の日、何人かの諸侯および高位聖職者たちが一つの棺をこの地に埋葬すべく護送していた。

この棺には、ある青年の遺体が収められていた。シャルルマーニュの後裔ルイ五世、大帝最後の継承者である。コンピエーニュとサンリス間に広がる森で催された遊猟の際、落馬したのは二十歳のときで、その数日後の九八七年五月二十二日、王は亡くなった。

さてこれは奇妙な巡り合わせなのだが、この若き王は死の直前、王国の重だった諸侯たちを呼び寄せていたのだ。使者が四方八方に散り、現在とほぼ同じ道を駆けていた。当時も街道はイル＝ド＝フランスを起点として東西南北へと走っていたのである。主君の命に従い、公・伯・諸侯、それに司教たちが駆けつけた。

このようにして臣下たちに集合をかけるのは、ルイ五世には何か重大なわけがあったのだろうか。確かに、裁判のためである。被告人はランスの大司教、アダルベロン。王は彼を裏切りの咎で責めたのだ。

フランスの最高の高位聖職者の一人にして、宗教界の最高権威をもつ者の一人――彼については後述するが――に対してルイ五世が差し出す証拠の数々は永久に明かされないであろう。というのも王の死によって裁判は行なわれなかったからである。王の遺体が埋葬に出発するまさにそのとき、諸侯たちは到着したのだった。あたかも王が自らの葬式に彼らを呼び寄せたかのごとくに。

葬儀は終わり、シャルルマーニュの末裔の墓の上に墓石が置かれると、大修道院の中では人々の全まなざしはアダルベロンに注がれた。彼は口を開いた。その言葉は、それを聞いた人々のうちのある者の息子が語り残している。

「王の命により――とランスの大司教は諸侯に告げる――貴殿らは私への糾弾を審議すべく様々の地方よりこの地へこられた。貴殿らは王への忠誠心より参集されたものと私は考える。聖なる名声をいだく王は亡くなり、この件についての審議は貴殿らにゆだねられた。さて、王の代理として裁判遂行をいとわず、糾弾を支持せんとする御仁があれば、何とぞ申し出られよ。そしてご意見を述べ、恐れることなく容疑者を攻撃されよ」

三回にわたり――と語り手はつけ加えているのだが――アダルベロンは呼びかけたが、申し出た者は誰もいなかった。

ランスの大司教の側には王国で最も高位な領主が座していた。「フランク人の公」ユーグである。

アダルベロンは続ける。「敬虔なるわれらが王が聖者の仲間に入られた今、この優れたる公（ユーグのことをさす）および、他の諸侯の御厚情により、私は私に向けられた非難から解き放たれたものと考え、今後は国家のすべての問題について貴殿らとともに考えていくものとする」

死者は子を残さなかったので改めて王を選ばねばならなかった。この目的のために数日後、この同じ諸侯たちはサンリスの王宮へと赴いた。

三百年以上にわたりフランスの運命を決定することとなる会議を再現するために、この町の古いガロ＝ロマンの城壁の前に身を置いてみよう。町を囲っていた二十八の塔のうち十六塔が残っている。そして重だった封臣たちの討議に耳を傾けていたのがこの古い城である。何回となく再建された。ガロ＝ロマン時代のものと言われ、のちに聖ルイ王が祈りにやってきたこの塔を、会議に集まった一同は眺めていたにちがいない。

一同とは誰だったのであろうか。すでにユーグの臣下となっていたシャルトルとアンジューの伯爵たち、ユーグの義弟であるノルマンディーのリシャール公、その弟ブルゴーニュ公アンリがいたのは確かである。おそらくアキテーヌ公ギヨーム四世もその場にいたであろう。彼はフィエールブラス〔鉄腕侯〕と呼ばれ、ユーグの妹アデライドを妻としていた。王国の重だった高位聖職者たちもまた、サンスの大司教スガン以外は参加していたにちがいない。この話の語り手リシェも同席していたであろう。彼のおかげで会議の様子は伝わっているのだが、残念ながら詳細については筆を惜しんでおり、当時の会議の描写は残っていない。その代わり、どのような調子で大司教アダルベロンが会衆に向かって発言したかは、知ることができる。「神の御意志によりこの世を去られたルイ王は、御子を残されなかった。したがって公事が主人なしに放置されて危機に陥らぬようルイの代わりに王座につくべき人物を真剣に決めねばならない。そのためにわれわれは参集したのだ。怨恨の心が理性と愛と真実を見失わぬよう、慎重かつ誠実に対処しよう」。続いて諸侯に対して王の選択を勧告した。というのも可能性として二人の名がのぼっていたからである。亡くなった王には弟妹はいなかったが叔父がいた。バス＝ロレーヌ公であったシャルル、つまりドイツ皇帝の臣下である。もう一人は「フランク人の公」ユーグで、亡き王の主要な後だてであった。というよりはむしろユーグの家系は一世紀以上にわたって王国における支配的役割を果たしてきたのである。それは彼の曾祖父ロベール・ル・フォールがノルマン人の襲撃からパリを守ったとき以来続いている。「王座は――とアダルベロンは皆の注意を促し――相続権により得られるものではない。身体的に秀でているのみならず、高い精神性の持主で寛容の徳をそなえた人物しか王国の王座に据えるべきではない」

アダルベロンの話を聞いていたフランスの諸侯たちには厳しい選択が迫られた。シャルルマーニュの王朝への忠誠をつらぬくか。またはユーグを指名して新しい王朝を開くか。後者を選ぶことは一種の革命である。というのもシャルルマーニュの子孫といえる皇位継承者に対して、ユーグはただ支配者としての権限を与えられていただけで、居並ぶ諸侯の中の一人にすぎないのであった。

ところで、いま埋葬されたばかりの若王が生前アダルベロンに対して抱いていた裏切りへの非難については一つの仮定が成立する。このランスの大司教は、シャルルマーニュの老いさらばえた帝国の時代は終わったと判断し、新しい国をおそらく思い描いていたのではなかろうか。勢力のある諸侯たちがお互いに自由に王を決め合う――そういう諸侯たちが統治する若々しいフランスを。アダルベロンの頭の中では、既にフランスは封建制の世に移っていたのではなかっただろうか？　だからこそルイ王は彼を裏切り者と名指したのであろう。

「国王に公を——とアダルベロンは諸侯に進言した。ユーグ公はその行為、気品により秀で、またすぐれた軍事力の統率者である。公事、私事にわたり貴殿らの頼りになる人物である」

「このような見解が示され受け入れられ、公は満場一致で王座に登った」。こうして封建の世はその第一歩を踏み出したのである。

ユーグの戴冠式は翌年（九八七年）七月三日ノワイヨンにて挙行された。王冠が彼の頭上に置かれたときには、三百年以上にわたって父から子へとユーグの子孫が王冠をいただくことになろうとは、誰も思いもよらなかった。三百年余、それはアンリ四世の即位〔一五八九年ブルボン王朝の始まり〕から一九四〇年の第二次世界大戦に至るまでとほぼ同じ期間である。もっとも誰もこのことを予想しなかったとはいえ、ユーグ自身はそれを望んでいたのは確かだと指摘しておこう。というのも彼は選挙のおかげで王冠を得たのだが、その選挙の原則の代わりに世襲の原則を現実には置き換えようとしたのである。つまり彼の息子ロベールを王座につける画策をせずに月日が過ぎ去ることはなかった。そしてロベールの戴冠式はオルレアンのサント＝クロワ教会堂で盛大に行なわれたのである。とは言ってもその後二世紀にわたって（最後の列侯会議は一一七九年に行なわれた）歴代の王は、彼らの長男を後継者と指名する前に集会を開き、参集の諸侯たちの同意をとりつけねばならなかったのである。

フランス王の戴冠式がどのようなものであったかを想像しようと思えば、一九五三年六月二日に全世界にむけてテレビ放映された英国のエリザベス女王の戴冠式の模様を思い浮かべるのが最適である。ウエストミンスター寺院での儀式は、ノワイヨンで行なわれたユーグ・カペの儀式、そしてユーグの後継者のほとんどがランスで行なったのと同じ式典の内容であった。まず長い行列から始まる。白のスルプリ〔長衣の上から着る祭衣〕を羽織った教会参事会員、紫色の服に身を包んだ司教らが、王を先導して詩篇歌の歌声とともに大聖教へ入場する。壇上にしつらえた玉座へと王は導かれる。そして聖職者たちが内陣の両側の座席を占める。そのときファサードの大扉は全開される。出席者全員がうしろをふり返ると、世界中どこの大聖堂にも同様のものは存在しない、まるでレースのような彫刻で縁取りをされた多彩色の二重のバラ窓の下の、この種のものとしては他に類のないランスの輝かしいポルタイユから、馬上の四人の騎士が現われる。ランスの大司教および聖堂の教会参事会員らが立ち上がる。そして行列を迎えにいく。彼ら四人のうしろには二列になってサン＝レミ大修道院の修道士一行が各自ロウソクを手に、十字架につづいて進んでいく。大修道院長の頭上には絹の天蓋が四人の修道士によって支えられている。大修道院長の首には小さな小瓶がかけられてある。大司教の目前まで来ると大修道院長はこの小瓶を取り大司教に手渡す。このとき聖歌隊は先唱句を歌う。歌詞は、「おお、類なき天の恵みよ。フランスの王たちの塗油式のために、天使たちの秘儀によって天から送られてきた、かくもすばらしき宝玉よ」である。

塗油の儀式と先唱句の意味を理解するには、このランス大聖堂のファサードの前にたたずまねばならない。ファサードの中央には全体を支配して（というのもここからすべてが始まるのであるから）クロヴィスの洗礼の図がある。フランク人の王にしてローマ人および蛮族の征服者クロヴィスは異教徒であったがキリスト教に改宗し（洗礼を受けた洗礼堂は大聖堂の内陣の下に見ることができる）洗礼桶から半身だけ現われている。彼の側らではランスの司教聖レミが王に聖油を塗ろうとしている。つまり聖油の一滴をたらした親指で司教は洗礼をうける王の額に十字を描くのである。鳩が一羽いる。この油を秘蔵する小瓶である聖油瓶を運んでくる鳩である。

クロヴィスの洗礼と聖油式(四九六年のクリスマス)以来、歴代フランス王は当然のこととしてこれを要求されてきた。天使たちもしくは精霊の鳩がもたらす、天からのこの「聖油」によって歴代王は権威を与えられるのである。キリスト教の教義はこの聖油瓶により象徴されている。キリスト教の教義によれば、すべての人々は平等である。神の代理人による以外は何人も同胞に対して権威を行使してはならない。そもそも封建の時代に使われていた「神の恵みによるフランス王」という表現は謙譲の常套句以外の何ものでもない。

王国のもう一つのシンボル、それはダビデとソロモンの物語で、ランスの大聖堂の大バラ窓の上、同じファサードに見ることができる。実際、聖別式はユダヤの王とヘブライの習慣につながっている。わが国の歴代王の聖別(今日の英国王の場合も同様だが)と、ランスのファサード中央に見られるダビデ王の聖別はその重要な儀式においても同一である。

聖別式の前日には、王の衛兵が大聖堂の入口を警備する。夜になり、真夜中には王がやって来て「心ゆくまで、そして信仰心の納得がゆくまで、神に祈り、祈禱に夜を徹するのである」と、聖ルイ王の時代の儀典書は述べている。教会の内陣の中央に立てられた壇を王は目にしていたにちがいない。それは王冠を支えるための台で、階段がついており、戴冠式に出席する王国の重臣たちが座を占める。大聖堂の外から聞こえる群集の往来のざわめきや、できるだけ多数の参加者を受け入れるための観覧席設置の騒音によって、王の祈りはいくぶん妨げられたことであろう。参加者たちは外部の控え壁によじ登り、上方の窓の高さにまで登るので、この機会にステンドグラスははずされるのであった。

夜明けになると馬にのった四人の騎士がランスの城壁を越えて、サン＝レミの王の修道院へと向から（修道院の外陣は十一世紀には、今日われわれが目にするのと同じ姿で立っていた。一方内陣は、現在修復されているが十二世紀後半の建築である）。

彼ら四人の騎士は「聖油瓶の使い番」である。サン＝レミ大修道院長は彼らを迎えて扉を開く。四人は中に入る。そして院長が聖油瓶を大聖堂へと運ぶ途上、四人の騎士は「使い番の立場で」修道院長を護送するのである。

大聖堂の祭壇には、冠、剣、金の拍車、笏《しゃく》が置かれてある（十三世紀には、象牙の手をいただく一本の杖が加えられた）。これらは聖別式のための装飾である。

祭壇での大司教のミサの前に、新王は福音書にかけて宣誓を行なう。ノワイヨンの司教座参事会の図書室には、それにかけて王の宣誓がなされた一冊の抄録福音書が現存している。モリアンヴァル（パリの北方、サンリスの北西方の町）のすばらしい抄録福音書で、九世紀のものである。

新王は教会の保護を誓い、各々の司教に対して王の責任であるべき法と正義を持ち続けることを誓言する。また民衆に対し、彼らが持つ権利を認めることを誓う。

この瞬間、大聖堂の丸天井は叫び声で響き渡る。諸侯や民衆たちが三回にわたってラテン語で「われらは賛同する。王はかくあるべしとわれらは願う」といっせいに叫ぶのである。この叫びは「歓呼の声」と呼ばれ、民衆から王として選ばれたということを王に思い起こさせるものである。

王の戴冠式。右側は塗油の儀式。14 世紀。パリ、国立図書館蔵。

つづいて謝恩歌《テデウム》の歌とともに王は祭壇へと進む。塗油式が行なわれる。この儀式は大変に荘厳なものなので、エリザベス女王の戴冠式の際には、この瞬間にテレビカメラの前に幕が引かれ、テレビの観客は式典のこの場面は見ることができなかった。塗油式は宗教的見地からすれば、聖別式と同じ重要性をもつものである。王は胸と背に二つに分かれる白いチュニカ以外はすべての衣服を脱がされる。そして祭壇の壇上にじかにひれ伏す。その傍らで大司教も同様のしぐさをし、両者ともに神の御恵みを嘆願するのである。その間二人に対して諸聖人の連禱が歌われる。彼らが起き上がり、王が頭、胸、両肩、腕の各関節に塗油をうけている間、大司教は以下の祈りを唱える。「おお神よ、主は主の慎ましき御子ダビデを王座の頂に据えられた。ダビデをライオンの口と巨人ゴリアテの手から救われた神よ……われらが慎ましき祈りを、かたじけなくも高められた神よ、われらが心より王として選びし主の仕え人の上に、主の恵みのいやまさんことを」。ここで参列者はサドクの鎮歌を歌う。サドクは供犠者〔供犠をささげる司祭〕で、ダビデの命でソロモンに塗油した人物である。

王は再び紫色のチュニカを着用するが、これは副助祭がミサの際に着るダルマチカに似ている。このようにして王権の祭司ともいうべき王の特性が顕現されたのである。というのも王は司祭も同然なのであるから。

塗油式は全キリスト教徒が洗礼で受け、次いで堅信式で受けたものを更新する。そして塗油式は司教が受けるのとほぼ同一である。使徒に次いで信者たちの牧者である司教の任務と王の任務は同じように見なされているのである。

塗油式が終了し、王は司教と侍従に助けられて脚衣をつける。騎士の象徴である金の拍車が王の足につけられる。そして大司教は両手でかかえた剣を王に渡す。王はそれをうやうやしく祭壇へ持っていくが、フランスの家老《セネシャル》に渡すべく再び取りに行かねばならない。セネシャルは儀式の間じゅう、次いで王の帰途の途上、王の前に剣をささげ持つこととなる。この聖別式の剣は今なお存在しており、ルーヴル博物館のギャラリー・アポロンに集められたコレクションの一部をなしている。

大司教が祭壇から王冠を手に取り、それを十二人の重臣（六人の公と六人の大司教ないしは司教）がともに、王の頭上にしばしの間支えている。このしぐさは封建王政の性格をよく象徴しており、封建制下では王は諸侯たちの助けをかりて初めて国を治めるのである。諸侯は王に助力と忠言を約束し、王は彼らの助言を用いなければならない。これが終わると王冠は王の頭上に置かれ、王は祭壇から玉座がしつらえてある壇上まで導かれる。ここで初めて王は、王としての「威厳」をたたえた姿で人々の前に姿を現わすのである。手には権威の象徴である笏と、正義の手を持っている。この正義の手は、王国に正義を支配させるという王の基本的任務を、王に思い起こさせるものである。歴代王の印璽に表わされているのがこの王の威厳の姿であり、王国の重臣たちが次々と王に臣従の誓いをたてに来るのは、王の人格に付与されたこの職務を表明している王の壮麗な姿に対してである。まず最初に王に冠をいただかせたばかりのフランスの大司教が前に進み、司教冠をとり、王に一礼し、王の手と頬に口づけをして臣従を誓う。重臣たち全員も次々と同様の行為を行なう。大貴族たちの臣従の誓いがすむと参列者一同の番である。聖職者の一段が謝恩歌《テデウム》を歌い始めると民衆は喜びの声（当時の「ブラボー」の意味である「ノエル！」）をあげる。「人々は皆ノエルと叫びトランペットが鳴り響き、教会の丸天井はまさに割れんばかりであった」とシャルル七世〔十五世紀、カレを除く全フランスから英軍を駆逐し、百年戦争を終結させた」の聖別式の証人は述べている。

それからミサ聖祭〔十字架上のキリストの犠牲をかたどる儀式〕が行なわれる。式典の詳細は、これもまた特筆すべきで、聖職者のようにパンとブドウ酒（十三世紀以後ではもう信者の聖体はパンだけになっていたのだが）の両形態のもとに聖体を拝領するのである。ランスの大聖堂の宝物殿には、聖別式で用いられた聖器のセットがたった一つ残っていて、このすばらしい一例を目にすることができる。なかでも最も感動的なのは聖レミのものといわれる聖杯である。純金で形も完璧で宝石や七宝がちりばめてあり、王が聖別式当日に使ったものである。十二世紀末のものなので、聖ルイ王の聖別式に用いられたのはほぼ間違いない。ともかくシャルル七世の戴冠式で使われたのは確かだとわかっている。したがって封建時代のフランス王国を高めることとなった高徳の誉れ高い王の思い出と、フランス王国を系統正しい王にかくも神秘的に回復させた貧しい田舎娘ジャンヌ・ダルクの思い出とがここに結びつくのである。

儀式が終了すると、王は町の通りに出かけていく。街には様々なタピスリーが飾られ、もしくは珍しい「絵を描いた布」がはりめぐらされてある。この布は今もなおランスの博物館に収められてあり、貧しい人々のタピスリーともいえようか。様々な色彩で装飾された大きな布地だが、材質はあまりよくなく、羊毛のタピスリーより価格は安い。こうして新王は現代の国家元首のように、王国の主要な町々（特に先任者ユーグ・カペが選出された思い出の町サンリス）を巡回することとなる。

つまるところ中世の王の生活は移動の連続につきる。今日のわれわれには定住の習慣があり、たとえばブルボン宮とかリュクサンブール宮、エリゼ宮といったように関連のある一定の場所に定住する。ところが封建の世では王は各々の諸侯も同様だが、常に定着のない一生を送っていた。一つの住居から他の住居へと移動する王に付き従うには王領の中をこちらの町、あちらの町へと王にならって移動せねばならなかった。

ここに一二三〇年の一年間に聖王ルイが行なった移動のリストがある。一月にはソミュールにいた。三月にはサンリスとコンピエーニュに次々と現われている。四月に入るとムラン次いでパリまで上り、五月はパリ、レ・ポン＝ド＝セ、クリッソンである。これは軍事的遠征で、この年と翌年には王はブルターニュにとどまることとなる。領主の反逆に会ったのだ。七月は、アンスニとアンジェを通ってパリへ向かい、近郊のアスニエール＝シュール＝オワーズにしばらく滞在した後、西のサント、ポワティエへ赴いている。王がアスニエール、コンピエーニュ、パリへ戻るのは九月に入ってからで、ノルマンディーの先端に至り、リジューまでも行った後のことである。十一月にはパリに滞在したが十二月はムラン、次いでサン＝ジェルマン＝アン＝レーであった。

初期のカペ王朝の王たちに関しては多くは知りえないが、彼らの生活のリズムもこのようなものだったとあらゆる事がらが示している。なぜ王は領地の中を一地方から他の地方へと移動して行くのだろうか。まず第一に統治下の領主である臣下たちのための麦や馬用の飼い葉の取り入れ、取り込みに気を配らねばならない。第二の理由として王は訴訟をとりあつかわなければならない。当時は裁判所が裁判を受ける人の所へ出向くのであって、裁判を受けたい人が裁判所へ行くのではなかった。次に王は領地の資源を枯渇させぬようにせねばならなかったからで、一つの城から他の城へと移ることは王の資源を大切に使う確実な方法であった。

ところでこれら王宮の中に、今日われわれが理解している意味での「所有権」を見るならば、大きな間違いであろう。すべての封建領主と同じく、王は場所によって異なるさまざまな権利を有していた。この地では「住まいと宿泊」という具合に――つまり王とその従者たちは、習慣によって定められたある期間だけ、その地に止まり、その間の食事と住居を受けることができる。もっとも収穫物を納屋に保存しておけるような実入りのよい領地の話である。ユーグ・カペの時代には、王が個人的に資源を引き出せる意味での領地は非常に少なかった。大まかに二方面にまたがっていた。一方はオルレアンとエタンプの伯領。他方は三つの「城主領」にわたるサンリス伯領（ベティシ、ヴェルベリー、およびコンピエーニュ）。それに他の三人の領主の土地、ポワシー、モントルイユ＝シュール＝メールおよびアティニーが加わり、これらは別々の小さな領地をなしていた。王の庇護を受けているいくつかの僧院はなんらかの収入を王に提出していたと考えられる。たとえばユーグ・カペはサン＝ジェルマン＝デ＝プレの「大修道院長」であった。もっとも肩書だけで、大修道院での職責をなんら伴うものではないが宗教上の一種の権限の象徴であり、大修道院の土地から上がるいくらかの収入を受け取るという物質的権利を有していた。

われわれは収入や商業上の営業税に関して、国があらかじめ特定の課税を徴収することに慣れているので、当時の王の収入はどうであったかを理解するのはなかなか難しい。実際、ユーグ・カペはたとえばモントルイユ＝シュール＝メールにある橋の十分の一税を受け取っていた。確かに橋の建設にかかった高い費用は、通行税（現代でいえばタンカルヴィル〔セーヌ河口、ル・アーヴル東方の町〕の橋や高速道路）の徴収で既に償還されているのである。

王はまたロワレ県〔ロワール川中流域〕のオルレアンで、フォヴール・サン＝ティレールに至るまでの漁獲税を受理していた。アルジャントゥーユの市場税を取り、シェリシー（ドルー郡）の領地（水車三台および牧場がある）から上がる収入も受け取っていた。なおほかにもマルリー近くのシャヴネに王は三十戸の「農家《マンス》」〔家、庭、田畑を含む〕を有していた。一マンスは一家族の生活に十分な農地であり、その保有農民はつまり今日で言う小作人である。

ともかく当時の王の生き方を調べるとその収入源は領地で生産される現物上納と、大方の場合やはり物品で貢がれる王の諸権利から成り立っていることがわかる。たとえば王領のいくつかの町（オルレアン、ブールジュ、ムラン、エタンプ、ラン、サン＝リキエ、ボーヌ＝ラ＝ロランド）で従者たちを連れて滞在できるという宿泊権で、居住できる期間はほぼあらかじめ定められていた。王がトゥルニュへ行くと、かの名高き大修道院の院長は王に一日だけ宿泊を提供しなければならない。そして二十四時間たてば、王は出立せざるをえない。また王に提出すべきものが習慣上決まっていることもある。例として王がサンリスに滞在すると、町の住民たちは以下のものを王に差し出さねばならない。鍋、小鉢、ニンニク、塩。そのほかは王が自費で購入する。また何か所かの森林では、他にも領主たちがそうしているように、「禁止森林地帯」と呼ばれる領地の一部を王は専有している。狩猟独占権である。これらの森林からは木、果物が王のものとなる。当時はまだ食糧は果実の採集に大いに頼っていたのである。たとえばブナの実から油をとり、森に生えるプラムの木やナナカマドには果実がなり、カサマツの実をとって種子を抽出していた（当時はカサマツは果樹と見なされていた）。また王は、これらの森林で、当時よく行なわれていたのだが、馬、雄牛、雌牛、とくに豚を放牧することができた。コンピエーニュの、オトやイヴリーヌの森林地帯でも同様である。要するに王の収入源はあちらこちらに分散していたのである。たとえばオルレアンは王のワイン、食糧等の貯蔵所としての中心地であった。ここから五十キロメートルのロリスの町の住民は、王のワインをオルレアンまで荷送する義務を習慣として負っていた。ポワシーには王は穀倉を持っていて、近隣地域（トリエル、ラ・ショセ、それにポワシーも入る）の秣《まぐさ》や藁がうず高く積まれていた。サンスにある縮絨機《しゆくじゆう》〔毛織物を収縮させて密にする機械〕の半数である四台は王の所有だし、コンピエーニュにはガラス製造用のカマを持っていた。

以上で王の絶え間ない移住が説明される。司法官としての王の立場と同様に、領地の端から端まで監視して市場の健全運用に目を配り、生産物が順調に消費されているのを確かめる流通責任者としての王の働きも考慮せねばならない。

歴代の王が行なった施し物の列挙を見ると、実に驚かされる。大体において金額ではなく、権利の設定から成り立っている。例を挙げるとルイ七世は、パリに入ってくる王のワインの十分の一をジフの修道女たちに与えている。その他イエールの修道女たちにはポムレにあるイヴリーヌの森林の新しく開墾された部分に対して、犂《すき》一台が耕作可能なだけの土地を与えている。

王は他にも権限（おそらくそれはより重要なものと思われる）を特定の司教区から得ている。ある司教が亡くなり、次の司教の選出までの空席の間はずっとその司教区の収入は王のものとなることが決まっていた。シャルトル、オルレアン、パリもまた、そしてモー、サンス、トロワ、オクセール、ランス、ラングル、ブールジュ、ル・ピュイの司教区がそれである。

これらすべてが示すささやかな王の生活ぶりに驚かされる。ルイ七世は月額一万九千パリ・リーヴル、即ち年間二二万八千リーヴルの収入を得ていたことがわかっている。これが当時の王室予算であった。ところで一リーヴルは銀四九一グラムに相当する。当然今日の大多数の会社社長より少ない。しかし当時の個人的生活水準は、各人の立場によって変わることはほとんどなかった。変わりがあるのは戦争がもたらす多大の出費であった。鎖帷子や兜、武器の調達、馬の世話にかかる費用、そしてもちろん兵隊の維持費である。このため領主や王の出費は、職人や農民よりかさむのである。その上所有地が幾多の領土にまたがっていれば、そのため領土の統治者を養わねばならない。とは言っても当時は、いわゆる贅沢は存在していなかった。それは十三世紀末、とくに十四世紀になって初めて現われることとなる。王の宝物があるとすれば、不測の出費にそなえて、別に手持ちを用意せねばならぬからである。

　王の供回りの中には特別の任務が割り当てられている人々（たとえば馬の世話係や、王の国璽尚書）がいて、彼らは王の顧問官や大臣になるのである。中世の王の住居をヴェルサイユの王宮のような所と想像すべきではない。王の周囲の人々は皆、なすべき職務に従事していた。彼らは文字通り王家の使用人《ドメスチック》（家を意味するラテン語のドームスより出ている）であり、まず王に奉仕する人であった。彼らの職務はずっと後の時代になっても名誉ある肩書となり、勢力ある家柄の人は誇りを持ってその肩書を代々伝えてゆくこととなる。しかし封建の世では宮中伯といっても単に厩舎（ラテン語の家畜小屋《スタブリ》）で働く仲間《コンパニヨン》（ラテン語の連れ《コメス》）にすぎず、馬丁をとりしきる役目であった。後に「蹄鉄工《マレシャル》」（語源的には新馬の補充と秣《まぐさ》の調達をつとめる人）が宮中伯の補佐としてつくこととなる。この二つの肩書（スタブリとマレシャル）のうち元帥《マレシャル》の方が王政の時代まで生き延びることとなる。宰相《セネシャル》（ラテン語の老人《セネス》から出ている）は王家で一番年長の古参者で、他の仲間たちの総監督である。実際に必要とあらば王の代理を務める。ときには軍隊の、またあるときには裁判所の長として、領地で起こるすべての出来事の管理者にして視察官である。食卓では彼が食事の采配をふるうのである。

執事は元来王家の衣服係である。したがって王家の宝物、宝飾品、文書、その上調度品までも保管の責務を負うこととなる。彼の指揮下には侍従たちがいる。酒蔵係長はその名が示す如く、地下酒蔵の、全般的にはブドウ畑の管理を務める。したがってワイン商人、ビール醸造業者、およびパリや王領の他の町の居酒屋の主人に対して一種の裁判権を行使するようになる。国璽尚書は当初より重要な人物であった。多くの場合聖職者がこれにあたり、特に王の印璽の保管を職務とした。事実、当時は大切なのは署名ではなく、証書に署名があろうがなかろうが、羊皮紙を封じていた印璽が重要なのであった。印璽は各人が所有しており、個人的な印であるから、持主が亡くなれば印璽は壊された。したがって王はこの印璽の保管を信頼できる人物に委任する。委任をうけた者は当然、王の書簡をも担当することとなる。手紙や様々の証書を書かせ、封をして発送させる等々。必要な場合には、宰相と同様、司法の行政分野に関して王の代行をする。今日、法務大臣が国璽尚書と呼ばれるゆえんである。領地が拡がり、行政が複雑になってくると、国璽尚書の補佐である書記や記録係を増員するようになり、王の私信のための「内輪の書記」職が設けられ、これが後に秘書官と呼ばれるしきたりとなるのである。

以上が基本的な職務であるが他にも多くの職責があるし、また必要に応じて設置された。たとえば盾持ち、パン管理係、酒司を補佐する酌係から料理長まで設けられた。聖王ルイの時代には王の個人的世話係の小姓は十六人を数えた。王付の医者もいた。この侍従医は女性の場合もあった。たとえばエルサンという名の女医は聖ルイ王の第一回十字軍遠征の際には王の家族につきそって聖地まで行っている。

パリ施療院の一室。黒衣の四人は、看護修道女が修得すべき枢要徳を表わし、白衣の人物は知恵、節制、勇気、正義を示す。15 世紀。パリ、社会扶助史料館蔵。

これらの人物はすべて、とくに王が催す宴会の様子の細密画に描かれている。特筆すべきは、食卓で給仕をしている人々は必ずしも身分が低いとは限らないということで、楯持ちにしてもただ単に宮廷に修行に来た近隣の領主の息子でありえたのである。

エルサレムの副王が皇帝のために開いた宴会の際、年代記作者が語るところによると、副王の二人の息子が「一人が杯を、もう一人が皿を」供した。つまり一人が酒をつぎ、他方が食事の給仕という役目を果たしたのである。個人の食事の給仕が程度の低い仕事だとみなされるようになるのはずっと後になってからである。逆に、若者がその父親の主君（王または領主）のかたわらで食事の給仕をするのは、よく行なわれていたことであった。

いずれにしてもカペ王朝のこの王はその財力からみても、物質的実力からしても、われわれ現代人の目には、たちまちにして破滅に至る運命にあることに変わりはない。王の領土は勢力のある臣下らの領土によって「囲まれて」いたと断定できる。王領のすぐ西隣のブロワ伯一人だけでも、その領地はブロワ地方のみならず、シャルトル、シャトーダン、トゥール、ソミュール、ヴィエルゾン、ドルーおよびモーの地方にわたっている。数年後には相続により、トロワとかプロヴァンといった町を含むシャンパーニュ地方の広大な土地がブロワ伯領に加えられて豊かさを増すこととなる。西と同様東側でも、ブロワ伯の領地は王領を文字通り取り囲んでいた。王よりもよほど裕福でずっと勢力をもつこれら臣下を服従させておくのは、封建の臣従の誓いだけで達成できるとはなかなか考えられない。当時はシャルルマーニュ皇帝の絶対権力からも、まして太陽王の絶対性からはなおさら程遠い時代であったのだ。

しかしこの時代の、「臣従の誓い」は実体のない言葉ではないのである。このことについては追ってしばしば述べることとなる。

歴代の王は中世の終わりまで、そして以後もなお王制がヴェルサイユを王の居住地と定めるまで、定住のない生活を続けていた。しかしだいぶ前から王の重要な職務機関は定置されていた。遠からずして規定されることとなる中央集権化のはしりである。英国王〔リチャード獅子心王〕とのフレトヴァルの戦い〔一一九四年、ロワール・エ・シェール〕でフィリップ尊厳王は敗退し、王の文書や宝物を戦場に置き去りにせざるをえなかったことは、すでに見てきたところである。つまり王はどこへ行くにも自分の大切なものは持って行ったのである。その後は文書はパリの、初期のカペ王朝に既に属していたシテの宮殿に置いておくのが習慣となった。また王の宝物の方は聖堂騎士団に保管がゆだねられていた。高等法院と呼ばれる法廷がパリに常設されることになるのはフィリップ美王の時代になってからにすぎない。

その後しばらくすると、パリは行政の本拠地となり、ルイ十一世王がそこに中央集権の実をあげることとなる。

十三世紀のパリ、フランス王国の首都となろうとしているパリについてここで述べてみるのもよかろう。

初期カペ王朝の王たちは、実際にはパリにはほんの短期間しか滞在していない。それには明確な理由があった。当時パリは島、シテ島であり、セーヌ川の右岸のグラン・シャトレと左岸のプチ・シャトレの堡塁が防御する二つの橋でしか両岸地域との交流はなかった。ところでこの両シャトレとも他の領主たちのものであった。したがって王が王宮にいる間は臣下たるこれら領主の意のままになっていたのである。プチ・シャトレはフィリップ尊厳王の統治下で初めて王家のものになったのだし、グラン・シャトレは聖ルイ王が持主のアダム・アランと交渉して一二四八年にやっと買い取ったのであった。

同じく、その頃まではオルレアン、エタンプ、ポワシー、サンリスもまた歴代の王たちが好んで滞在する町であった。

聖王ルイの時代には、パリは古代のルテチアであったシテ島から両岸に大きく伸びていった。左岸にはすでにカペ王朝の即位以前から、数々の修道院が建てられていた。サン=ジェルマン=デ=プレ（これが一番古い）、サン=ヴィクトール、サン=マルセル等、しかしシテ島は拡大し、その周辺はサント=ジュヌヴィエーヴ山にまで達していた。現在のソルボンヌの床にはフィリップ尊厳王の時代に新しく町を広げるために再建した城壁の跡を示すしるしが今もなお残っている。シテ島は右岸にも延びてゆき、特に十二世紀には聖堂騎士団員はその広いマレ地区を干拓して、不健康な地域を菜園に変えようと試みたのであった。

肉屋は右岸に屠殺場を持ち、それに関連する仕事に従事していた。なめし革商もしくは白なめし革職人《メジシエ》は河岸通り（メジスリー岸〔パリ一区、ポン・ヌフのある通り〕）に居をかまえていたが、革を洗うために近くに水が必要だからである。一方グラン・ポンのあたりには、セーヌ川を往来する商人たちの倉庫があった。

このようにパリは後の数世紀になっても変わることのない様相を当初から示していたのである。つまりセーヌの左岸は知識人の町、右岸は商人の町となっていった。

しかしパリ全体の大まかな輪郭以外に、中世のパリの様相を今日見出すのは相当難しいと思われる。フランスの、少なくとも行政上のフランスの中心地（このノートル＝ダム寺院の前庭を起点として各道路が走っている）にある広大な広場は、かつてのノートル＝ダムの前庭が与えていたであろう印象とは全く異なるものであろう。前庭には週日は家禽や「水鳥」（猟鳥）の市が、そして日曜日にはめずらしいパンの市が開かれていたことを思えば、その活気が伝わってくる。しかし今ではかつての狭い歩道上に大聖堂入場を前にして観光客がひしめいている。この日曜のパン市のことだがそれは焼きすぎ、または生焼けで、形も重さもパリのパン屋の規格から外れて「失敗した」パンを犬や他の動物にやるために安売りするのであった。ノートル＝ダムの北側のわき（ファサードに向かって左側）にそびえていたサン＝ジャン＝ル＝ロン洗礼堂も今はない。現在は大聖堂のこの北側には十二世紀に建立された最初のパリ市立病院から程遠くない所に私立病院が建っている。この病院の慈善活動がどのようなものであったかは、一三六八年に作成された報告書を見れば想像できる。病院では毎日三千五百枚のシーツと同数のタオルを必要とし、ベット一台につき六枚のベットカバーを備えていた。年間五百から七百枚のシーツが使い古されてぼろぼろになった。病院の規則によるとすべての病人は看護の修道女または修道士の手を借りて毎日洗ってもらうことになっていた。病人一人一人には各人用の皿、スプーン、コップ、ワインの壺を与えられていた。また各々の病人は「家の主《あるじ》の如く」扱われるべしと規定されていた。忘れてはならないことだが当時は、身体を病む人々は、世の救済のために苦痛を受けたキリストと同じ苦しみにあずかっていると考えられていたのである。その故にこそ彼ら病人は崇拝のまとであった。聖ルイ王は十字軍出発に際して、サン＝ラザール病院（現在の同名の駅の場所にあった）の癩患者の前にひざまずき、自分のために祈ってくれるよう頼んでいる。

シテ島の起源を知ろうとする人々は皆、ノートル＝ダムの前庭の地下を探検してみる必要がある。前庭の下に駐車場の建設が決まったとき、一九六五年から一九七二年にかけてミシェル・フルリーの指揮のもとに実に手際のよい発掘作業が行なわれたおかげで地下探検が容易になった。古代地下聖堂には前庭の駐車場入口近くの標識がある所から入って見ることができる。この地下聖堂はガロ・ロマンの時代から十二世紀に至るシテ島の中央部の全歴史をわれわれに再現してくれるのである。

モーリス・ド・シュリーが建造した大聖堂を思い浮かべようと思えば、ノートル＝ダムの南側ポルタイユのもとに身を置いてみるのがよい。ちなみにシュリー司教は貧しい農民の息子であった。当時は名前のうしろにつく語は、その地方の出身ということを単に示すだけで、彼の場合はシュリー＝シュール＝ロワール出身である。他の二つのポルタイユは革命による荒廃ののち、ヴィオレ＝ル＝デュックが修復したものである。ところでサンキュロット［フランス革命期の小ブルジョアジー］に対してあまり厳しい見方をするのはやめよう。というのも、もしもフランス革命が起こらなかったならば、ノートル＝ダムのファサードはギリシア時代の様式で再現されていたであろうから。そうするのが十八世紀末に出された計画であった。そうなればノートル＝ダムはマドレーヌ寺院やパンテオンと同じ姿になっていたであろう。すでにルイ十六世の戴冠式の際に、フランス大聖堂は「ゴシック」（この言葉は「野蛮」と同意語だったことは知られている）の装飾アーケードを隠す、たれ布や厚紙で覆われており、その代わりにコリント様式の付け柱や柱頭をそなえた、そしてだまし絵の描かれた溝彫りの円柱で置き換えられていたのである。

モーリス・ド・シュリーは一一六三年に大聖堂の礎石を置かせ、ほぼ二十年ののちの一一八二年五月十九日には祭壇の聖別式に出席している。十三世紀中頃のパリの人たちは、われわれと同じく塔と西側ファサードを目にしていたであろうが、十三世紀後半になってやっと彼らの息子たちは北側の、次いで南側の袖廊のファサードの建立に立ち会うことができ、孫たちの時代（一二九五―一三二〇）には内陣のまわりのチャペル（周歩廊）が出来上がったのである。

聖アンヌのポルタイユはモーリス・ド・シュリーの時代（一一五〇―一一六七）から彫刻がなされていた。最初はもう少し小さなポルタイユ用に作られていたのだが、十三世紀にファサードにポルタイユを据え戻した際、ヴシュール〔ポルタイユ上部のアーチ型曲線〕やラントー〔まぐさ石〕の部分に補修を付け足したのである。タンパンの彫刻は聖アンヌと聖母マリアの一生を語り、頂上の荘厳の聖母は二人の天使と二人の奉納者（ルイ七世王とモーリス・ド・シュリー自身）によって囲まれている。シュリーのうしろには司教座参事会会長のバルブドールの姿がある。ここから美しい王のギャラリー〔回廊〕の方へ目を上げるとアーケードの下にはユダヤとイスラエルの王たちを表わした二十八体の像がある。それから塔の下の親柱に目を移すと上のギャラリーの手すりを飾るキマイラ〔怪獣〕が目に入る。そこでわれわれはヴィオレ＝ル＝デュックに感歎の念を抱かざるをえないのだが、それも控え目にしておいた方がよいだろう。なぜなら彼は彫像をこちらに復元したりあちらに付け加えたりしたのであるから。トリュモー〔正面扉口中央の中柱〕にしつらえた聖マルセル〔五世紀のパリ司教〕の彫像すら複製である。

一九七七年四月の驚くべき発見によってパリのノートル＝ダム大聖堂のイメージはわれわれにとってますます豊かなものとなった。発見はショセ＝ダントン通りのホテル・モローの地下で外国貿易銀行が行なった工事によるもので、地下ほんの一メートルの所に広い堀が発掘され、そこから人物像や彫像の頭が出てきたのである。土地の所有者フランソワ・ジスカール・デスタンは直ちにそれをパリのノートル＝ダムの王のギャラリーにあった古い彫像だと確認した。全部で二十体の彫像の頭〔高さ六十五センチ〕、もっと小さいもの四体、それに多少とも彫りの入ったもの三六〇個が、ギャラリーもしくは聖アンヌのポルタイユから現われたのである。

ミシェル・フルリーが行なった古文書調査によりこれら彫像の来歴がすべて確認された。一七九三年九月十日より十月四日にかけて、パリのコミューン市会〔革命自治政府〕の命で取り壊され、三年間この地に山積みされていたが、一七九六年に建築材料として売りに出された。買ったのはジャン＝バティスト・ラカナル＝デュピュゲ、ルイ十六世を処刑した革命派、ジョゼフ・ラカナルの弟である。ジョゼフはペリゴールのシャトー・ド・ラ・フォルスを破壊させた人物だが、革命政府とは全く異なる信念を公言したために恐怖政治のもとで投獄され、テルミドール九日〔一七九四年七月二十七日〕のロベスピエール失脚のおかげでやっと処刑台をまぬがれた。その兄ジャン＝バティストが自分の所有地にノートル＝ダムから出たこれらの彫像を注意深く埋めさせたのであった。今日のわれわれにとり、十二〜十三世紀の彫刻の最も貴重な全体像の一つに数えられている。

ノートル＝ダムの西ポルタイユには、一年の月ごとの労働が表わされ、中央ポルタイユの中央柱と側面には小さな浅浮彫りが施されている。これは十三世紀のものである。特筆すべきは聖アンヌの門のすばらしい錠（中央入口のものは複製である）で、十三世紀の金具職人がいかに熟達していたかのあかしである。錬鉄は中世に特有の工業形態であり、古代には存在していなかった。それを証明する数々の品が現存している。錠、鉄細工の看板、門のちょうつがい等。なかでも最も珍しいものはイヴォンヌのシャブリの錠前で、一番重要なものはルーアンのル・セック・デ・トゥルネル博物館に集められた。あまり目立たないがより重要なもの、それは目を上げてみると中央ポルタイユと南ポルタイユの間の柱の壁に彫ってある建築職人のしるしである。石切人は出来高払いで雇われると、四角に切った石が自分の仕事だとわかるように石にしるしを彫りつけるのである。切ったばかりの石に各人が三角とか十字またはアルファベットの文字といった図形をつける。このやっと見えるくらいの小さなしるしからわれわれは、ノートル=ダムで用いられた石がモンルージュやヴォジラールの石切場で、のみや槌で切り出された作業を想像することができる。石の運搬費用を節約するために、大抵の場合は採石場で直ちに石切りをして、出来上がったものを現場へ持ってくるのであった。

今度は大聖堂を一周して北側袖廊のポルタイユの前に行って見よう。トリュモーにある聖母像の前ではゆっくり時間をとるべきである。ポルタイユが建築された年と同じ一二五〇年頃のもので、幼子キリストを抱き「片方の腰を前に出した」この聖母像は、若い母親たちが子供を抱くときに、バランスをとろうとして反り返る姿を再現している。この姿からわれわれが考えることは、何よりもまず神の母たる「聖母マリア」を思わせる「荘厳の」聖母像（シャルトルの大ステンドグラスで見て来た聖母像）という宗教上伝統的なイメージが、いかにして、ある意味では非常に人間的な聖母の形に座をゆずったのか――普通の母親に大変近く、信仰の姿というよりもうちとけた慈悲を思わせる母親像となってきたか、ということである。これこそが十三世紀に現われた宗教上の変遷についての新しい一つの手がかりである。それはまた、この優雅なポーズが与えることとなる腰を横に突き出した聖母についての様々な見解・学説の出発点でもある。これが型にはまったポーズ、即ち彫刻家たちが不断にくり返す、まさしく紋切型となるのに時間はかからなかった。

この北側ポルタイユのむこうに、教会参事会員たちが入る赤門または聖マルセルの門と呼ばれる入口がある。タンパンの上の聖母の戴冠の場面の中に聖王ルイとその妻マルグリット・ド・プロヴァンスの姿が見える。少し前へ進むとチャペルの窓の下には聖母の死、被昇天、戴冠に捧げられた十四世紀初頭の七つの浅浮彫りを見ることができる。図柄が示す物語に注目しよう。福音書や外典からさえも引用されてはおらず、劇作品に依っている。たとえば、ある不信者が聖母の墓をひっくり返させようとしたところ、罰によりその手が墓にくっついて離れなくなったという民衆伝説が想起される。またタンパンの上には詩人リュトブフ〔十三世紀、フランス、『テオフィルの奇跡劇』等多くの詩歌を書いた〕の創作物語を見ることができる。軽率にも悪魔と約束した聖職者テオフィルを聖母が救う話である。

次に南側交互廊のポルタイユ（依然としてわれわれは大聖堂の外部を観察しているのである）の方へまわってみると、ポルタイユの基礎部に読み取れる八メートルの長さの碑文にまず驚かされよう。「ジャン・ド・シェル親方はこの仕事を一二五八年二月の十五日〔ローマ暦〕に着工した」。一二五八年に当ポルタイユの礎石が置かれたとき、ノートル＝ダム大聖堂建立をつかさどった建築家の一人がこのように署名したのである。彫刻は聖エティエンヌの一生にささげられている。軽浮彫りの彫刻がわれわれの注意を引く。というのも今日まで与えられてきた解釈が正しいならば、これは当時の学生たちの生活を表わしたものだからである。

十二世紀初頭のパリのシテ島には、司教座のある他の町と同様に、いくつかの学校が建っていた。初等教育の学校のない小教区は（少なくともその「専門学校」を持たぬ司教区は）、存在していない。一番著名な学校は、パリではなくランスやシャルトルの学校であった。ほとんどの重要な修道院所属の学校を持っており、すでに述べたが特にセーヌ川左岸にはサン＝ヴィクトールおよびサン＝ジェルマン＝デ＝プレの大修道院の学校があった。

これらの学校は司教の尚書の権限の元に一様にゆだねられていた。ところで一一八〇年頃のある日のこと、教師および学生たちがこの尚書の監視に我慢できず、いらだちを現わすのである。学問の世界は喧騒の世界だということは知られている。その間ノートルダムの各学校の評判が大きくなったことは述べておかねばならない。ギヨーム・ド・シャンポーやアベラールのような教授たちが学校の名声をあげ、シテ島に集い来る学生の数は驚くほど増大したのである。師範免許、つまり「学士号」（この語は現代まで残っている）を発行するのは司教の尚書だけだという昔ながらの司教の主張をしりぞけて教師と学生たちはこの頃から一団となって、セーヌ川を越え左岸へ来てサント＝ジュヌヴィエーヴ山の斜面に居をかまえようと決めたのであった。その後しばらくは状況は定まらなかったが、教皇自らが司教とその尚書に対して、教員と学生側の正当性を認めるに至り、彼らは「パリの教員・学生組合」（組合という語は単に集団を意味し、いかなる職業にも適用されていた）という職業組合を構成したのである。これは自治体であり、自治管理、絶対的自由を有し、いずれ王や教皇からさまざまの優遇措置を受けることとなる。一二〇〇年になるとフィリップ尊厳王は教員と学生を国王の警察の保護下において彼らの自由を承認した。現代のわれわれの目には法外なものにうつるこの特権は、ごくわずかの記録しか残っていないが、少なくとも原則として警察はパリ大学のある場所には踏み込めないということである。大学の特権が表わすすべての事柄を推し量ろうと思えば、過ちをおかした学生は学生と教授から成る法廷でのみ裁かれるという事実を思い起こせば十分である。

この大学（少なくとも十三世紀初頭の大学）というものをソルボンヌのような一つのまとまった建物として想像するのは適当ではない。大学は散在していた。たとえばモーベール広場（この名はおそらく教授《メートル》アルベールから出ているのだろう）では聖アルベール・ル・グランが神学の講義を行なっていた。受講生の中にはトマス・アクイナスという名の外国〔イタリア〕の学生がいた。サント・ジュヌヴィエーヴ山上のブドウ畑でおおわれた丘のまん中の段上に並ぶ家々は以後は教員や学生たちの宿となった。そのうえ新しく大きな建物がたちまちそこに建ち並ぶようになる。一二〇二年のある日、マルリーの領主マチュー・ド・モンモランシーは、当時「寄宿舎」と呼ばれていた家をそこに建てるためにガルランド・ブドウ園という名のブドウ畑を譲渡している。今日のガランド通りである。他の通りには羊皮紙商人（当時の紙販売業者）が集まっていた。他のどこよりも知識欲が強かったパリ大学で、どれ程の羊皮紙が消費されていたかは計り知れない。現在「羊皮紙商《パルシュミヌリー》通り」〔パリ五区〕として残っている。他にもこのように「干し草の束」（この上に座って多くの学生は講義を聞いたり書いたりしていた）という語からとった名の通りがある。「麦わら《フワール》通り」〔パリ五区〕である。古いパリの地勢図には、左岸のこのような各界隈が記されている。

やがてパリ大学には四つの学部が設置される。神学、医学、教会法、そしてなかんずく学芸学部——これはいわゆる七つの自由科目より成り、その後もわが国に長く伝わることとなる一つの体系に従って分類されている。まず初等三科目の文法（文法および文学）、修辞学、論理学、次いで四学芸の幾何、音楽、算術、天文学。実際、自由科目の勉強はわれわれが現在中等教育課程（十二歳からだいたい十八歳まで）で行なっているものと同様である。こののち学生は「学士号」を取得のため、四学部のうちのどれか一学部へ入る。学芸学部の学生は、学士号を取るのに六年間学問を続けねばならない。神学部の学生は自由科目の課程を八年終了後、五年にわたり神学を専攻する。

当時の学期は現在のそれとほぼ同じで、十月に始まり六月末に終わる。十月になると当時エコリエ〔中世の学生〕と呼ばれていた人々が大挙してパリへやって来る（このエコリエという言葉は様々な職業の徒弟にも用いられていた）。フランスの全地域のみならず遠くイタリア、スペイン、イギリス、ドイツ、それにスカンジナビアの諸国等、四方八方から集まってきた。非常に雑多な群集だが共通の言語を持っていた。つまり皆ラテン語を、教会のラテン語、聖書の翻訳のラテン語、典礼のラテン語を話すのである。彼らはその類似性によっていくつかのグループに分かれ、パリだけでもたちまち学生間に四つの「国民団」が出来上がった。フランス、ノルマンディー、ピカルディー、イギリスである。その数だけの団体ができてそれぞれに代理人がおり、各団体固有の印璽を所持していた。何か争いごとが起こると、関係国の代理人が犯人を捜査させ、学部の裁判所へ引き渡すのであった。

いつの世でもそうだが学生は懐具合がよくない。大多数の者は生活のため内職をしていた。わが国の図書館の写本の中には、「出来高払い」といわれる写本が数多く存在している。つまり書き写した量で賃銀の支払いを受ける写字生たちが書いた小さな記号から彼らの名を知ることができる。石切人が自分の仕事を見分けるために、自らが切った石の上にしるしをつけるのと、大小の差は別としても同じことである。写字生のしるしは分冊《カイエ》に見出すことができるが、綴冊の際にしばしば隠されて見えなくなっている。蔵書をそろえたくても豊かでない学生は本を書き写すしか策がない。この場合は彼自身の使用のためだが彼もまた根気よく、望みの作品を書写するのである。

これら学生の群れは、当時の住宅難をもたらす。あるイギリス人が——それもなかなかの人物だが——というのもパリで教えていたジョン・オブ・ソールスベリーなのだから——パリでは一年分の家賃即ち約十二リーヴル（わが国の貨幣では十五万〜二十万サンチーム）を前払いしてやっと住居が見つかったと嘆いている。そんなある日、エルサレムへの巡礼から帰ったばかりのあるロンドンの市民が、多くの貧乏学生が文字通り宿無しで路上にたむろしているのを見て衝撃を受け、コレージュの建設を決意した。記録に残る最古のものである。このロンドン市民は名をジョースと言い、一一八〇年にパリ市立病院に寄付をして、病院の十八台のベットを寄宿学生用として使えるよう手配をした。そしてこの寄宿学生たちは、食事と住居の代償として市立病院でなくなった人々の通夜を順番につとめることになっていた。

この最初の給費はやがて人々が模範とするところとなり、多くのコレージュが建てられてカルティエ・ラタンにその独自の様相を与えるに至ったのである。コレージュは、本質的には寄宿学校であった。アングロサクソン諸国では、コレージュという語は常に学生が住む場所を意味している。これらコレージュの中の一つが卓越した評価を得ることとなる。ソルボンヌのコレージュである。設立者ロベール・

ド・ソルボンの名からとったもので、彼が聖王ルイから与えられた土地（「クープ＝ゴル通り」にあった）に一二五七年に建てられた。聖王ルイの寄贈を証明する証書が残っている。

教授たちは次第に直接コレージュに来て講義をする習慣になってきた。ただの寄宿舎だったコレージュは、こうして学問をする場所に変わっていった。ジャン＝ド＝ボーヴェ通り九番地の二には今もなおボーヴェの古いコレージュ（十四世紀）が残っており、パリにある中世の大学の唯一のあかしである。あとはすべて何回となく再築された建物である。一二一五年以降、大学に出された教皇の数々の教書の中には、学生向け家賃（課税されていた）の値上げを家主に禁ずる条項が入っている。

学生と同じく教授も全国から集い来る国際都市は、また喧騒の世間でもある。学生たちが一二二八年と一二四四年に自ら立案した規約にはスト権が明記されている。一度ならず彼らはこの権利を行使している。それよりも学生は剣をにぎり町中を駆け巡るけんか好きとして知られていた。仲間うちの殴り合いは日常茶飯事であった。フィリップ尊厳王はこのような指摘をしている。「学生は騎士よりも果敢である。騎士は確かに武具で身を固めている。片や聖職者（学生を指す）は甲冑も兜もつけず、剃髪姿で刃物をふりかざし、相手に立ち向かう」。一一九二年のある日のことサン＝ジェルマン＝デ＝プレの町の男たちに学生が反抗するという有名な乱闘さわぎが起こった。このときもまた学生側に正当性が認められた。それで以後は乱闘のあった場所は大学の所有に帰したのである。そこは聖職者の原っぱ《プレ＝オ＝クレルク》とよばれるようになり、この名の通りが残っている（パリ七区）。なぜ聖職者と呼ぶのかというと原則として学生は教会に属するものであり、また当時の教師の世界は、かつての司教区または僧院の持つ学校の延長と見なされていたからである。そもそも大学規約によれば、大学人はすべて聖職者の服装を、少なくとも僧服を着用しなければならない。僧服とは飾りなしの黒く丸いマントで、「少なくともマントが新しい間は」、かかとまで下がる長さが必要だ、と規約にうたってある。つまりマントが相当着古されると、縁のヘムを切って裾を新しくするのでマントは短くなるのであった。イギリスの学生はいつも聖職者の格好をしている。それというのも中世におけるわが国の大学の体制に最も近い形で残っているのはイギリスなのである。

当時のコレージュの一つ、アヴェ・マリア（またはウバン）のコレージュの規約が伝えられている。十二頁ばかりの前文があり、それにはまるでアニメの漫画のように学生たちの日々の生活がうつし出されている。ベットに横たわる学生たち、それを起こす鐘つきの学生。コレージュでは学生はお互いに仕事分担をし、寝たままで鐘をひく者も決めていた。また用具一式の管理係もいた。掃き掃除、鳥小屋（中世の家には全部鳥小屋があった）の掃除、配膳（学生用のみならず物乞いに来る貧者たち用のものもある）等。図書係は仲間の学生に彼らが必要とし、複写する書類を渡す。中でも驚くべきは学生生活の中に占める演劇の役割である。前文に表現されている図柄の大半は典礼劇や古典劇を演じている学生の姿で、当時は演劇は教育の一つの適正な手段であった（このことは他の事例でも確認されている）と考えることができる。講義自体は基本的には二つの部分から成り立っていた。一つは「解読」（この科目は現在の学部でもなお用いられている）。教授の講義で多くの場合テキストの注釈である。もう一つは「質疑論争」。これこそまさに教授と学生の共同作業であり、出された質問に対して双方の議論が展開する。今日われわれが言うところの「学生の自発性重視の教育法」は、実際、中世の教育法であったものの再発見だといえよう。聖ベルナールは、学生が従うべき規則を定めて発布している。第一に毎日

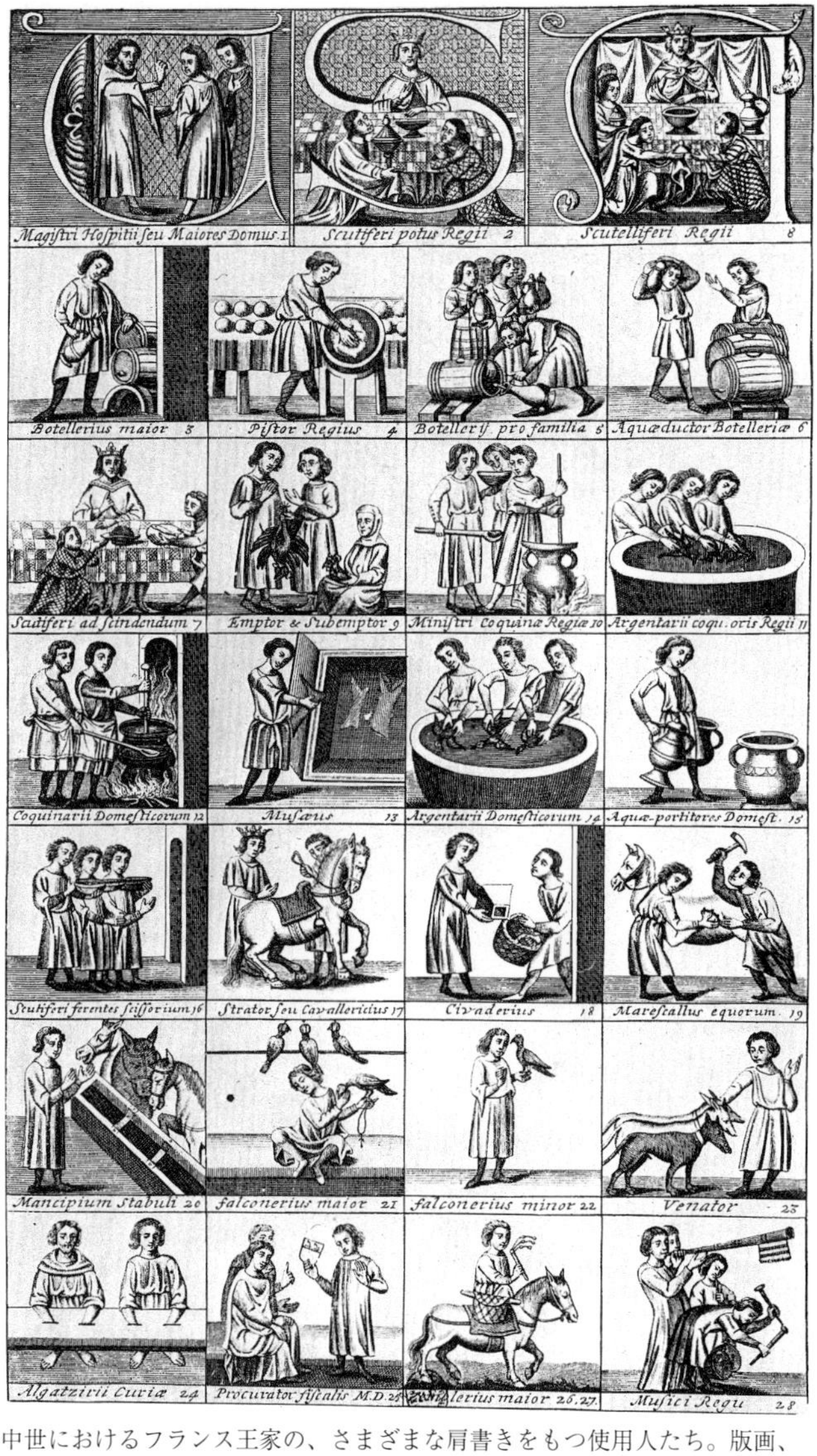

中世におけるフランス王家の、さまざまな肩書きをもつ使用人たち。版画、17世紀。パリ、国立図書館蔵。

決まった時間を読書にあてること。第二、読む対象に注意を集中のこと。第三、日々の読書から何か思想とか真実を引き出し、しっかりと記憶の中に留めおくこと。第四、読書したものすべての要約を書いておくこと。第五、自分の勉学につき学生たちと討議のこと（これこそ近代の教育者が推奨する共同作業である。もっともあまり実行させるにいたっていないが）。第六、祈りを捧げること。聖ベルナールの言によれば、祈りこそ理解するための誠の道程である。

確かな資料によれば、十五世紀中頃のパリには少なくとも二、三千人の学生がいたと考えられる。それに先立つ時代の学生数は不明であるが、十三世紀のある作家の作品には、パリにはシテ島の住民の数と同じか、もしくはそれ以上の学生がいたと明記されている。また学生はあらゆる社会階層の出身者であることも確認している。かつて学生であった者が思い出話を書き残しているが「金持ちの子も綿・麻布商《トワリエ》（労働者・手工業者）の子も」とあり、教授たちの講義に並んでいた姿が想像できるのである。

学生が家族にあてた手紙が残っていが、これもまたいつの世でも変わらぬことで、手紙の最後は金の無心で終わっている。オルレアンの二人の学生が田舎に住む両親あてに出した手紙はこんな具合である。

「神の御恵みにより、われわれは元気で勉学一筋にはげんでいることをお伝え致します……われわれの家は住み心地がよく、学校や市場は家一軒しか隔てていないので、毎日足をぬらさずに学校へ通えるのです……思いあまり、御両親様にお願いする次第ですが、羊皮紙、インク、矢立て、その他必要な品を買い求めるための金子を、誠に恐縮ながらこの書状持参の者にお渡しいただきたく御願い申し上げます。われわれが始めた勉学が当初の予定通りに終了し、故郷に錦を飾れるよう、どうぞ現在の苦境のままにわれわれを捨て置かれませぬよう御助け下さるものと確信しております。なおこの使いの者に靴と脚衣も持たせて下さるよう重ねてお願い致します。そして同時に御両親様の御近況もお伝え下さい」

サント＝ジュヌヴィエーヴの山頂から中世の右岸を眺めるならば、畑と、そのまん中にあるサン＝マルタン＝デ＝シャンの僧院（当時の食堂――現在は図書館――を今でも見学することができる）、さらに菜園が目に入ってくる。昔の湿地帯で聖堂騎士団員が干拓して以来、パリの「ヴュー・マルシェ」（今の市役所の場所にあった旧市場）に野菜を供給しているのである。そこから西に離れた所にフィリップ尊厳王は一一八三年、二つの大きな建物を建立させた。雨の日に商人が商品を保管できるようにするためで、これが中央市場《レ・アール》と言われるものである。今はパリ市内ではなくずっと郊外のパリ城門のあたりに設置されたということは、われわれの時代への一つの教訓となっている。とはいってもレ・アールはわが二十世紀の六〇年代までずっとそこにあり飽和状態になりながらも市場としての機能を維持していた。市場周辺の通りには、それとわかる名称がつけられている。樽屋通り、乞食通り、陶器商通り。これらの通りの中で、特に商人の町となったのが二つある。一つは市場の住民の名からとったトルスヴァッシュ通り。もう一つはカンカンポワ通り。「目方のあるものは何でも《キカンボワ》」から出ている。大量取引に関するすべてのもの（これを売る人を当時は小物物商《メルスリー》と呼んでいた。商人《マルシャン》と同義語である）はこの二つの通りで取り扱われていた。

右岸の人々の生活を支える商品を供給するのは大橋《グランポン》（シャトレの近く）であった。この橋の上には両替商が店をかまえていた。当時は多くの工房がさまざまの硬貨を鋳造していたので、各硬貨の価値を正確に知るにはそれを計ってみなければならなかった。したがって両替商の存在は商売上必要不可欠であった。パリの商売で、重要な役割を荷っていた職種、それは「セーヌ川の回船業者」である。十二世紀初頭より彼らは王室からの特権を甘受していた。マントの橋からパリにかかったいくつかの橋までセーヌ川を通って商品を運送する独占権を与えられていたのだ。そしてルーアンの商人だけがパリ近郊まで荷を積む船を運んでくる権利を有していた。ほかのすべての「組合」（職業体）と同様、セーヌ川の回船業者たちも自分たちの印を持っていた。それは船を形どったもので、この印がパリ市の紋章になるのである。資料によれば、セーヌ川の回船業者たちは大橋で岸へ積荷を下ろし、現在のメジスリー岸〔パリ一区〕にそってサン＝ジェルマン＝ロクセルロワのあたりまで、麦、塩、ニシン、建築用木材、秣《まぐさ》用干草などを運んでいたのである。ここから少し東に離れた、サン＝ジェルヴェ教会（十三世紀には、部分的には再建されていたが、すでに存在していた）がそびえている側はワインや石炭の市が開かれるグレーヴの港である。そこには柱の家と呼ばれる家々が建ち並んでいたがそれは、中世の大部分の市場と同じく、グレーヴ広場（現在の市役所広場）が、アーケードで覆われていたにちがいないことを示している。アーケードは商人たちの雨よけとなっていた。これらの家の一軒は、商人頭、つまり同業者を統治する者に譲渡されることとなる。そして、それは十四世紀中頃、エティエンヌ・マルセルが主導したブルジョワ革命の中心となり、次いで拡張されて現在の市役所がそうであるように、パリ全行政の中心となるのである。歩を進めるごとにパリの歴史が浮かびあがってくる。その衣服ゆえに白マント修道士と呼ばれていた「聖母マリアの僕《しもべ》会」は一二五八年以来《パリのテンプル騎士団本拠地の古い門の側》に建てられていた。実際、《テンプル騎士団の古い》通りのすぐそばにあったのだ。バルベット通りには名高い財政家エティエンヌ・バルベットの名の通りで、彼はここに自分の館を建てさせた。ビエット修道院、それはパリに存在する唯一の中世の修道院である。

というのも中世のパリの面影が多いとはいえ、残っている建造物は少ないのである。ビエット修道院を過ぎて、アルシーヴ通りを行くと、昔のクリッソンの館の美しい小塔が現われる。それはパリに残る十四世紀の数少ない建造物の一つである。十四世紀はペストの大流行や百年戦争の時代だが、このことは後ほど述べることとする。日々の生活の中での商人の町パリの唯一の証人は、ヴォルタ通り三番地にある中世の家、店先とひさしのあるパリで一番古い家である。またモンモランシー通り五十一番地のニコラ・フラメルの家は、十五世紀のブルジョワの家を想起させる。一四〇七年と刻まれているのである。

幸いなことに当時の教会、もしくはそれらの遺跡が残っている。なかでも最も重要なものはコンポステラへの大巡礼地路にあるサン＝ジャック塔であろう。これはサン＝ジャック＝ド＝ラ＝ブシュリー教会の残存であり、肉屋〔ブシュリーは食肉業のこと〕がそこに売り台を並べていたのである。サン＝ジャック塔は十四世紀初期（一五〇三―一五二二）のものではあるが、少なくとも全体としてはゴシックの手法で建てられている。また右岸では、ゴシック芸術の証しとしてのサン＝ニコラ＝デ＝シャン教会（十五世紀のゴシック）やサン＝ドニ通りにあるサン＝ルー＝サン＝ジル教会を訪れることができる。この教会の身廊は十四世紀のものだが、十六世紀に、そしてずっと後になってから全体的に大修正された。サン＝ジェルヴェやサン＝ウスタッシュのような教会はゴシック後期のフランボアイヤン様式だが、実際には十六世紀もしくは十七世紀に建てられたものである。

他のものについては古文書をひも解かないと、この商人の町パリを想像することはできない。これらの古文書はわれわれに、右岸ですばらしく発展した商人の町を髣髴《ほうふつ》とさせ、また無数のパリジャンたちが何世紀にもわたって行き交った道のりを明らかにしてくれるのである。こうして十三世紀初頭、ブルジョワ商人の一人は巡礼者のためのトリニテ施療院を建て、他にも《クリシーへ続く道に沿った》サン＝トノレ教会に寄進を行なった商人もいた。パン屋の守護聖人に奉献された教会が、このサン＝トノレ通りにある教会である。一二九二年の日付の人頭税帳簿があるが、これは王がパリで徴収する税と呼ばれ、特別の場合に収入に比例して課税したものであるが、それによるとパリの城壁内には三五二の通りと十の広場、十一の十字路があり、約一万五千人の商人・職人たちが生活していた。

セーヌ川の様相さえかなり変わっていた。列挙できるいくつかの商業港を除き、埠頭は存在していなかった。セーヌ川は小さな小島が点在する花咲く小川であり、パリでは渡れる浅瀬が一か所以上あった。ノートル＝ダム寺院の後陣の後ろには長いこと、サン＝ドニ＝デュ＝パ〔パとは、ひとまたぎの意味〕という名の場所があったが、これらの浅瀬の思い出を語っている。ここでは馬で川を普通に渡れたのである。当時は草原や樹木が続いていた土手道には釣り人たちが今日よりも多くあちこちに見受けられた。サン＝ジェルマン＝デ＝プレ教会の修道士たちは、プチ・ポンからセーヴルまでの場所で釣りをする権利を持っていた。彼らにほぼ全食糧を供給していたのはセーヌ川であった。というのも、彼らは《年に四回しか》肉は食べられなかったからである。

橋に関しては、中世の橋がどのようなものであったかを知るには、そのほとんど唯一の例として残る、フィレンツェのポンテ・ヴェッキオ橋を散歩しないとわからない。橋の両側（現在の歩道があるところ）

には家々が建ち並び、多くのパリジャンたちが住んでいた。一二九二年の人頭税帳簿にはプチ・ポンの住民の中で課税されていた商人の数は、五十九人に上っている。この列挙リストによってわれわれは、店が立ち並んでいる通りの商業活動を十分に理解することができるのである。そこには鳥刺し、魚屋、女の魚屋、肉屋が各々一人、居酒屋の主人、パン屋、宿屋の主人が各々五人、宿屋の女主人が一人、ということは、そこに建てられた家々は、なかなか広々としていたと考えられる。また料理人が一人と何人かの馬具師、靴屋、床屋などがいた。パリの大市が開かれる土曜日には、特に中央市場ではあまりにも町がにぎわうので、田舎者などはプチ・ポンを通過するのに一日中待っていたと言われていた程である。

これらの橋はただ単に住居や店舗に使われていたのではない。そこには引込み水路がつくられ、河川よりもずっと流れが強く、したがって水車が設置されていた。たとえば現在のノートル＝ダム橋があるところでは、川岸に沿って設けられていたのである。十四世紀初頭にはセーヌ川の大きな支流には七十台以上の水車が数えられていた。しかし、これだけではパリの住民の必要は満たしていなかった。まさに製粉業者センターともいえるものが数世紀を通してずっと存在していたのである。シリーのパン屋が使っていたものを除き、パリへ河川運送されていた小麦粉はコルベイユ〔パリ南郊〕の水車のものである。シリーのプチ・パンは有名で、商人たちはパリの町で《売り声》を上げ、叫んでいた。このようにセーヌ川は、今日と同様、当時も食糧の大動脈であり、《裁縫材料商人》や卸商から始まって、粗末な日々のおかずである魚を釣りに来る細民に至るまで、セーヌ川のお陰をこうむっていたのである。ある小説により、左岸の一つの通りの名が高められた。シャ＝キ＝ペッシュ〔釣りをする猫〕通りである。当時《猫》は河岸、一般に蓋いのある河岸のことで、足を濡らさずにレジャー用の小船に乗れるように、マルヌ川〔セーヌ川の支流〕上によく見られた歩み板を張ったものであったろう。この通りの出口にあった《猫》は、左岸のパリ住民の用を足していた。

この描写の中で当時のパリが発していた、あらゆる騒音を想像してみよう。建設現場の物音、槌を叩く音、鋸の軋む音、水車の輪がうなる音、家々の間で反響する荷車の車輪の音、中でもパリに鳴り響く商人のあらゆる叫び声、それは十三世紀の文書によれば《パリ中、夜までがなり立て続ける》音、《あったかいパテがあるよ、菓子のあったかいのもネ》、《蜂蜜はここだよ》。果物売りもいる、《熟したネッフル〔西洋カリン〕が売り出しだよ》、または《外国産のブドウ、ブドウがあるよ》乳製品売りもいる。《田舎のチーズだよ、ブリーもノルマンディーのアンジェロ（白いクリームチーズ）もあるよ》。この時代には宣伝は声でしていた。もっとも今でも数は少ないが、田舎では呼び人〔市中に布告をふれまわる役人〕がそうしているように、当時はあらゆる情報は声を張り上げて伝えられていたのである。一方、人々の声や工具の響きをかき消すように教会の無数の鐘が次から次と響き渡っていた。

十三世紀も終盤に入ると、パリは以前には考えられなかった役割を担うようになる。この間、シテ島の古い宮殿は驚異的な新たな発展を遂げた。サント＝シャペル礼拝堂は、コンスタンチノープルのラテン帝国皇帝が抵当に入れ、それを持っていたヴェネツィアの商人からフランス王が買い取った茨の冠をそこに収めるために、聖王ルイが建てさせた広い聖遺物箱である。このサント＝シャペルはゴシックの建築者たちが持つ技術の集大成である。それはガラスの壁を囲み、支えるためにのみ作られたような一種の石の枠組みでもある。そして当時のガラス職人の名人たちは、そこにおよそ実態のない要素――即ち光——と色彩とを共鳴させようとして、彼らの妙技を発揮、展開したのである。

一三〇三年、フィリップ美王の治世下で宮殿に関する王令が発布された。高等法院本部、即ち王の法廷、裁判所の一部改築である。このことは以後止ることなく拡大する王権の第一歩となるであろう。つまりパリを中心とする全フランスの中央集権化である。パリはこの行政機構の中枢となるのである。会計院や議会自体も絶え間なく拡大し、多数の弁護士、検事、法律家、評議員などを抱え込むこととなる。パリを頂点とし、フランスを一体とするこの行政機構の決定的な第二段階は、ルイ十一世のもと、道路交通網がパリに集まる構想がなされたとき、進展するのである。

活気溢れる行政機関のある、この宮殿は一人の人物が治めている。それはコンシェルジュ〔管理人〕。彼は建物の中で起きる全てのことに権限を持ち、大橋《グラン・ポン》の両替商の不正を裁き、彼らが受け取る収入、特になめし革商やイヴリーヌの森の炭焼き人たちが納める年貢を調べていた。大橋に通じる道に沿って、王の台所の下に並ぶ店（宮殿の中で賃借りしている）を監視するのも彼、コンシェルジュである。そもそもこれらの店に関して、宮殿の一部分に商店街のアーケードの名が残っている。店主が商品についての不正行為を行なうと、コンシェルジュの目の前で粗悪商品が、入口の階段上で焼かれるのであった。

中世のパリに関するドキュメンタリーの最後のイメージをわれわれに伝えてくれるのは、この人物、コンシェルジュなのである。右岸、シャトレ広場から宮殿を眺めよう。一つの門を囲む二つのたくましい塔が見える。それがコンシェルジュリである。

4　巡礼の国オーヴェルニュ

最古の『巡礼案内書』（J・ヴィエイヤール著『巡礼案内』）は五十頁の小さな本である。それにはこう書かれている。「サンティアゴ・デ・コンポステラへ行く道は四通りあり、みなスペインのプエント・ラ・レイナに通じる。一つはサン＝ジル＝デュ＝ガール、モンペリエ、トゥールーズを経てソンポルト峠を越えて行く道、もう一つはル・ピュイのノートル＝ダム大聖堂、コンクのサント＝フォワ教会、そしてモワサックのサン＝ピエール教会を経て行く道である……」。そしてコンポステラへの四つの道に合流するあらゆる水流が「飲用」または「飲用不可」の表示とともに記されてある。巡礼者が宿をとれる修道院や各地方のお国柄も紹介してある。たとえば「ポワトゥー地方の人々は気前がよい」とか「ボルドーの住民は口のきき方が乱暴だがワインは最高だ」または「ランド地方を横切る際にはまず食糧の準備に万全を期すべし。なぜならこの砂地平野には（ハチミツ、キビ、豚肉は豊富なのだが）集落が少ないから」。案内書は最後に橋のない川の渡河料金についても語っている。「金持ちの巡礼には、渡し守は二人につき一オボール（ドゥニエの二分の一、小額）および馬一頭につき硬貨一枚しか要求すべきでない。なお貧乏人からは何も要求しないこと」

この十二世紀の『巡礼案内』は、とにかく中世は道の文化だったということをわれわれに教えてくれる。商人、学生、巡礼たちがヨーロッパをかけめぐったのだ。特に旅人の大集団を形づくったのは巡礼である。帽子つきマントといわれる袖なしの長いマント（夜間には毛布がわりになる）の頭布をかぶり、手には杖（または「巡礼杖」）を持ち、それに水筒をひっかけ（旅人にとりこわいのはのどの渇きである）、彼らはイタリアへスペインへローマやサンティアゴ・デ・コンポステラへと文字通りヨーロッパの大道を切り開いていったのである。

巡礼たちの足跡に生まれたのは道（パリのサン＝ジャック通りはその一例である）だけではない。教会もまた然り、そしてそこには金や七宝でできた聖遺物箱が置かれ、それらのいくつかは中世の最大傑作に数えられている。巡礼たちは行く先々の町については、そこに祭られている聖人の名しか知らなかった。聖人の衣服の一片、骨の一部、歯一本への信仰は迷信ともいえる幼稚な信心なのだろうか？　あらゆる未開人に見られる護符の尊重のあかしなのだろうか？　ノートル＝ダム＝デュ＝ポールやイソワールやオルシヴァルの教会のような傑出した建造物を前にして、またはル・ピュイの大聖堂を支えている丸天井の基壇の見事な細工、そして今日われわれが「機能的な」と評しているポンス（ボルドー方面）やサンティアゴ・デ・コンポステラの施療院のような実用的な建築様式を目のあたりにしてみれば、中世に生きたわれわれの祖先が未開だったと軽々しく言えるものではない。諸聖人の巡礼たちへの呼びかけにしろ、巡礼たちの目的地に向かっての歩みにしろ、中世人にとっては幼稚な迷信とはほど遠いものであった。それはキリストの呼びかけ、「立ちて歩め」に応える喜びであり、教会が「聖徒の交わり」

と呼ぶところの、祈りの一体感への情熱であった。

今日の社会学者は、集団の中でさまよう孤独な人間の絶望というものに懸念をあらわしている。ところが中世人は、一つには巡礼のおかげでこの種の不安を感じてはいない。というのも巡礼者にとり各宿場での休息は祭りなのである。人々はしゃべったり、歌ったり、泉のほとりや飲み屋へ行って飲んだりする。その地方で働いている建築者に手を貸したりもする。彼らは隣の町の教会と同じように美しい教会を面子にかけて建てようとしているのだ。巡礼者はスペインのトリアカステルという名の村を通るときには――ここには石灰石の採石場があったので――石灰石の一つをとってカスタネダの村まで持って行く、という伝統があった。カスタネダには石灰窯があり、サンティアゴ・デ・コンポステラの教会の彫刻がここで創られているからであった。

巡礼者たちはまた、ジョングルール〔中世の旅芸人〕を見聞きした。旅芸人の中には、サスペンス豊かに歴史を語る者がいたのである。当時の「ターザン」や「タンタン」〔フランスのマンガの主人公〕は「巨人レイヌアール」や「短鼻のギヨーム」であった。

宿場が祭りなら道は冒険である。巡礼の一団にはときとして嫌われ者が交じっている。つまり乞食、浮浪者または山賊で、彼らは巡礼のしるしである貝殻を不法に身につけ巡礼になりすましている。だから彼らを「貝殻盗賊団」と呼ぶ。どうして巡礼は貝殻を身につけるのか――それはある伝説によっている。使徒聖ジャック（スペインの福音伝道者だという言い伝えがある）の遺灰をコンポステラへ運んだとき、一人の騎士が海へ落ちた。しかし彼は身を貝殻で覆われて海から浮かび上がって助かった。それで以後〔ホタテ貝のことを〕貝殻《コキーユ》・聖《サン》ジャックというのである。

貝殻盗賊団は、信心深い巡礼たちに門戸を開こうとしている善良な人々にとっても、巡礼たちにとっても脅威であった。今日のわれわれには中世人のもてなしがどのようなものであったかを想像するのは難しい。『巡礼案内書』を開いてみよう。「巡礼たちは、貧者にしろ金持ちにしろ、サンティアゴから戻る人にしろ、これから行く人にしろ、すべての人々から敬意と情けをかけられる」。それから巡礼を歓待しなかった無信心者を襲った恐ろしい出来事を、各地方のうわさ話をもとに列挙してある。たとえばナンテュアでは、ある織物師が一人の巡礼を家に入れるのを拒んだとたんに持ち物の布地がち切れたとか、ヴィルヌーヴでも同じように門戸を開かなかったある婦人は自分のパンが石に変わってしまったとか、ポワティエでは商店街（サン＝ポルシェール通り）全体が火にのまれてしまった等々。

巡礼の道は教会に沿って走っている。そしてほとんどの教会は人々のあがめる聖者の遺物を持っている。これらの聖遺物を収めるために、教会の主任司祭や大聖堂の教会参事会員は立派な聖遺物箱を作らせようと心を配るのであった。例をあげるとコンクには聖女フォワ（アジャン〔フランス南西部〕の若い娘でデキウス皇帝の時代にローマ人により首をはねられた）の遺骨があり、その聖遺物箱は聖女フォワの像を形どっており、十世紀のものである。実はこの像は頭の部分は古く、それに胴体をつけたものである。金にはめ込んだ宝石が全体を覆っている。背中の部分は銀に金めっきがほどこされていて荘厳のキリスト像が彫ってある。八世紀の作品である。

サン＝ネクテール〔フランス中部〕にある聖ボーディィムの聖遺物箱は胸像の形をしており、ナラの木に銅版がかぶせてある。

これらの聖遺物入れの彫刻にゴシック期の彫刻家の先駆者たちの作品を見ようとしているのだが、実際には十二世紀には聖遺物箱は単に聖遺物の容器以外のものはなく、ただ独創的な金銀細工師だけが人物を形どって箱を作ったのである。もとは小さな家の形が伝統的なもので、モザックの聖カルマンの聖遺物箱などは見事な七宝張りの出来栄えである。

七宝をほどこした理由はリモージュが近かったからである。中世ではライン川とムーズ川の流域と並んでリモージュは七宝製造の一大中心地であった。

透明な物質である七宝は鉛と錫でつくられる。ところがリモージュ地方では両方とも産出されない。スペインへ行き来する巡礼たちがおそらくスペイン産出の金属を持ってきたのだろうか。そしてリモージュのサン＝マルシャル付属教会やソリニャックの大修道院付属教会のような修道院の影響をうけて七宝製造産業が根を下ろし、リモージュの町の発展に貢献したのであろう。

ところである日ル・ピュイの住民は、あまり見ることのない一人の巡礼がやって来たので町の入口に集まった。その巡礼は多くの供人をつれて旅し、二本の指を上げて左右の人々に祝福を与えていた。それは教皇その人であった。そのお陰でオーヴェルニュはキリスト教圏第一の懸け橋の役を果たすこととなる。

なぜ教皇ウルバヌス二世はサンティアゴへの巡礼道の宿場町ル・ピュイまで来たのだろうか？

もちろん巡礼のためなのだが、今回は当時「サンティアゴへの道」と呼ばれていた銀河道の西方へ向かって行くためではなかった。ウルバヌス二世がキリスト教徒に向かって「行け」と勧告したのは東洋に向かってであった。ル・ピュイから教皇はオーヴェルニュのもう一つの町クレルモンで開かれる宗教会議をめざしてキリスト教圏の全司教に大号令を発せんとしていたのである。そしてこの宗教会議の結

町にたどり着いた巡礼たち。パリ、国立図書館蔵。

修道士に迎えられる巡礼たち。パリ、国立図書館蔵。

果、十字軍が誕生することとなる。こうして巡礼は新しい意味をもつに至る。なぜなら今回、キリスト教徒が「立ちて行け」という号令に従うのは、武器を手に、ということだからである。

ヨーロッパのキリスト教圏は、実際侵害されたと感じていた。全キリスト教徒に共通の領域である聖地はアラブ人に征服されたのであるから。

アラブ人は彼らの砂漠の国から、マホメットの説くジハード、イスラムの「聖戦」をもってやってきた。彼らは六三四年から、ペルシア、エジプト、北アフリカを侵略してきたのだ。八世紀初頭にはスペイン、次いで南フランスもその征服範囲に収めた。シャルル・マルテル〔フランク王国の宮宰〕が彼らの進軍をポワティエで阻んだのはやっと七三二年のことであった。東洋のキリスト教帝国（ビザンティン帝国）の首都コンスタンチノープルもやはり彼らの攻撃をこうむっていた。

ところで十一世紀に入ると聖地は様々の荒廃にさらされることとなる。まず一〇〇九年にはキリスト教徒にとっては残忍な迫害者、カリフのハキムの命令一下、聖墓教会が破壊された。十一世紀末にはセルジューク・トルコの侵略を受ける。彼らはイスラム教の信奉者である。一〇七一年、彼らはマンズィケルト〔ヴァン湖の西方〕でビザンティンの軍隊を潰滅し、アルメリア、小アジア、シリアを荒廃させた。ビザンティン皇帝は教皇に援軍の要請を嘆願する。ここで、西洋全域への呼びかけが始まり、一〇九九年のエルサレム再征服へと至るのである。

こうしてオーヴェルニュ地方で生まれた十字軍は二世紀を生き続けることとなる。

十字軍の頃のオーヴェルニュは多くの人口をかかえ、ことにロマネスクの時代には繁栄の極みに達していた。農業的見地からすれば対照的な二つの地域から成り、ラ・リマーニュのように豊かな土地と、貧しく不毛な高原がある。この当時からオート・オーヴェルニュで一番栽培される穀物はライ麦であった。ところでライ麦は中世ヨーロッパから中世初期にもたらされたのは確かのようだ。このことは農業に関する大歴史学者マルク・ブロックを驚かせることとなる。中世初期には人々は侵略を恐れて自分たちの地域に引きこもり、外部との接触をさけて生活していたと想像されるが、農業にとっては地味の悪い土地でいかにして住民や動物への供給源を得るかが重要だったのではあるまいか。

オーヴェルニュ産のもう一つは栗だが今日では栗の木の病気と伐採故に消滅のきざしである。栗の木からタンニン酸をとるため過度の伐採が行なわれたのだ。栗は昔はこの地方の富の源泉であった。それにリムーザン地方の花崗岩質の台地にまでも植えられていたブドウ栽培に必然的に付随していたのである。栗の木ほどブドウの添え木と樽に適した木は他になかったからである。

牧畜もまた中世のオーヴェルニュでは、現在と同様、富をもたらせていた。共同牧畜地なので最初の秣刈《まぐさ》りが終わると草原は住民すべてのものとなる。この地方の慣習はオーリャック地方のかの名高き「平和」の約束のように、資産のない人々の権利を定めるよう一層の配慮がなされていて、田舎の極貧の住民さえもが一頭の牛と羊数頭は飼育できるようになっていた。町の住民やオーリャックまたは他村の住民は周辺の地域で家畜数頭を放牧することができた。

乳製品もチーズ製造用としてすでに供給されていた。有名なカンタルチーズはフランス語のフロマージュ〔チーズ〕の語源を残している。つまりカンタルは「円筒形《フルム》のチーズ」でフルムは「形《フォルム》」から出ており、形の中に液状のチーズの中身を流し入れ（牛乳が固まり）丸い形に出来上がるのだが、そこから「成型《フォルマージ》」となり「フロマージュ」となったのである。

最後にもう一つオーヴェルニュの富、ミネラルウォーターについて語ろう。ヴィシー、サン＝ネクテール、ラ・ブルブール、ブルボン＝ラルシャンボーの水源は古来名高く、病人たちは足しげく訪れていた。ガリアは「いやしの水」の国であった。中世のある名高い物語の舞台がブルボン＝ラルシャンボーで展開する。『フラマンカの物語』である。作者不詳でプロヴァンス語で書かれている。ギー・ド・ヌムール伯の娘フラマンカはアルシャンボー・ド・ブルボンの領主と結婚する。彼はすぐに若い妻に嫉妬するようになり、二人の侍女を付けて妻を厳しく監禁した。フラマンカはミサにあずかることと、健康のためブルボン＝ラルシャンボーの温泉に行くことだけをやっと許してもらった。さて一人の騎士ギヨーム・ド・ヌヴェールが彼女を一目で見そめた。彼女の夫の手前もはばからず騎士はこの若い女性を勝ち取ろうと決心し、土地の主任司教に頼み、副助祭として剃髪を受けた。フラマンカに言葉をかけられる機会は、ミサの終わりにミサを行なった聖職者が彼女に祈禱書を差し出して口づけを許すときである、と彼は悟った。ああ、何と短い瞬間だろう。彼女に一言話せるだけだ。しかしこの熱に浮かされた偽りの副助祭にとっては十分な瞬間である。祈禱書を若き伯婦人に差し出しながら「ああ！」と言う。彼女は大いに困惑し、侍女に助言を求める。次の日曜日、この見知らぬ聖職者に彼女は答える。「何をお嘆きか？」こうして数か月間、日曜から日曜へと対話が続くこととなる。「死にそうだ――どうして？――愛しているから――誰を？――貴女を――どうしたらいいの？――私を治して――どうやって？――罠で――どんな？――いらしって――どこへ？――温泉へ――いつ？――すぐに」という具合に。大変魅力的なこの聖職者を好きになった貴婦人は「いいわ」と答えた。湯の町のロマンスは当時から存在していたのだ。

巡礼と十字軍のお陰でオーヴェルニュには数々のすばらしい立派な建造物が残っているが、それらには共通した特徴がある。死火山の黒石が使われているのだ。ただ一つ、クレルモンのノートル＝ダム＝デュ＝ポール寺院だけが花崗質砂岩、即ち火山の砂岩および火山滓で創られている。宗教会議の直前に着工されたもので十一世紀にこの町にあった五十四の教会の一つに数えられている。その他の教会、たとえばサン＝ネクテール（その柱頭はロマネスク美術の彫刻のレパートリーとして驚嘆すべきものである）、イソワールのサン＝ポール（前者の小型コピーともいえる）、オルシヴァル（オーヴェルニュの人々が特に好んでいる黒い聖母マリア像の一つがまつってある）、ブリウードのサン＝ジュリアン（革で覆われた木製の古い門がある。アラブ人に恐れられ、ここで修道士として亡くなったギヨーム・ドランジュの楯がまつってある）等は皆オーヴェルニュの火山の資材であるヴォルヴィク〔クレルモン＝フェランの北西の町〕の黒石を使って建てられたものである。

建造物の壁の上方や切妻の上にほどこされた黒色の資材の中に白や茶色のモザイクのモチーフが見られるが、建築を業とする愛好者の創意のすべてがここに凝縮されている。黒石に足りないもの、即ち鮮やかさと光を与えるにはいくつかの明るい色の石が彼らに必要であった。

5　メーヌ、アンジュー、トゥーレーヌ——群雄割拠の地、領主の生活

ロワールの城を訪ねる旅行者は、非常に豪華で楽しい生活のできる美しい住居を見学することであろう。そこでは貴族や裕福な町人が多くの使用人にかしずかれて、家族とともに住んでいた。ところが中世の城はこれとは全く違う。城は個人の所有物ではない。いわば真のミニチュア国家なのである。

メロヴィング王朝時代には封建領主は単に王から委任された者にすぎなかった。領主は王のために一地方を治め、当時の風習に従い、その土地からの上がりで報酬を受けていた。その後彼らはより重要な役割を果たすこととなる。それはノルマン人とサラセン人の侵入（八—九世紀）がはじまり、シャルルマーニュ帝が建設した中央集権国家の完全な衰退と時を同じくしている。中央の力がなくなれば地方ごとに自衛し住民の暮らしを確保しなければならない。こうして土地の極端な細分化が起こり、当時のフランスは文字通り「領土」の寄せ集めと化し、土地は段々に世襲化されていったのである。ある領土を手にした領主はその所有者ではない。ただ当時の慣習が認めていたいくつかの権利を持っていたにすぎ

なかった。それはこの領土の警護という領主の職務への代償である。実際、当時の封建領主の役目は今日のわれわれにとっての軍隊と裁判と警察に相当するものであり、国が報酬をくれないのだから、彼らは自分たちが治めている領土から上がる収入のうちのいくらかを享受していたのである。この権利は現在われわれが国から保護され統治されているかわりに税金を治めていることに相当する。

今日のフランスには憲兵隊も兵営も警察署もある。中世のフランスでは、それらは地上にそそり立つ城であり、城郭の壁が町を守っていたのである。城を手にしている者の名称自身が意味深い。たとえば公《デュック》は［中世ラテン語で］デュックス、軍事指揮者を意味する。侯《マルキ》はマルシオで辺境、つまり国境を守る者。それから多いのが、伯《コント》だがこれはコメスで仲間、王の友人の意味で王は伯に対し、統治する領土を割り当てて委任していた。公にしろ侯にしろ伯にしろ、これら管理者は領主《セニョール》と呼ばれていたが、これは年寄りのことである。この名称からわかるように貴族とはその由来は軍事的なものよりも土地を有する人のことであり、領土を治める領主は年寄りで経験豊かな「年長者」なのであった。

領主の城はまず第一に防衛施設である。領主およびその家族のためのみならず、友人たちをはじめとして、周辺に住むすべての農民たちのものであり、緊急の場合の避難場所であった。城は一見しただけで、その防衛的特長が読み取れる。アンジェの城を見てみよう。今では庭に変わっているが、それは城を囲む巨大な堀であった。自然の防衛が十分でない所は（丘や、切り立った岩の上にそびえる城を除いて、大抵の城は防衛が不十分なのだが）、このような広大な堀によって城塞を隔離することができた。いくつかの町では——サンスがその例なのだが——町の周囲に幅が二十メートルもある堀があった。もっともこの堀は採石場であり、そこから城壁を建てるための石を取り出していたのである。

城壁は大抵の場合、城を一周して囲んでおり、一番重要な部分である天守閣に巡回路を通って直接行けるようになっている。最もよく保存されている城壁の一つはオーヴェルニュのル・ピュイに近い（ラ・シェーズ＝デューの道に沿った）ポリニャックの城のもの（十三世紀）である。

すでに述べたように城とは小世界である。その城壁の中には領主や封臣たち（彼らは交代で年間四十日の兵役の義務があった）だけでなく周辺に住む農民たちも避難できたのである。そこには本丸、二の丸、住居があり、礼拝堂も大抵はあり、住民や家畜に水を供給するための井戸もあった。ポリニャックの城の井戸は八十三メートルの深さに達していた。長期間の包囲にそなえねばならなかったのである。主要部分は天守閣で、ここは領主の住居であると同時に城が襲撃を受けたときの最後の避難所となるので一番よく防備を施されていた部分である。

フランスで一番古い天守閣はランジェにある。十五世紀に建てられた城の入口左側にある塔で、九九〇年頃、フルク・ネラにより建立された。この頃から石の城が広く建てられ始めた。それまでは木製であった。ランジェの城は石とレンガ作りで、最も古い天守閣の様式に従い長方形である。

ところが、この長方形の構図には軍事的見地から重大な欠点があった。「死角」である。長い壁に沿って弓を引き矢と弩を放つことができたが、直角になっている角の部分をねらって攻撃を集中すると、そこから攻撃者はほとんど安全に進撃できたのである。十二、十三世紀の軍事技術者はこの死角の問題を解決して、城を難攻不落にすることに特に意を注いでいた。この頃までは、城塞はともかく地下壕のような受身の防衛方法だと考えられていた。巨大な城壁の内で安心していられるが、攻撃者を苦しませることはできないのである。防衛方法こそ攻撃方法に勝るというのが全中世を通じての特色であった。

攻撃をかけようとする二人の人物。ヴィラール・ド・オンクール〔13世紀のフランスの建築家〕作。オンクールは細部の技術的描写に配慮している。たとえば蹄鉄、鐙、引き具。パリ、国立図書館蔵。

そのいくつかの例を見ることができる。

ロッシュには十二世紀の天守閣の見事な一例がある。天守閣の遊歩道と呼ばれ、十二世紀の幕壁に沿って続く散歩道にあるサン゠トゥルス教会の右手に建物がそそり立つ。二つの並んだ長方形の大きな建物で、ところどころが扶壁で強化されている。大きい方の長方形は幅十四メートル、長さ二十五メートル強である。もう一方は半分ほどの大きさだが、高さは元は主要建物と同じく二十五メートルあった。この天守閣には三層の部屋の跡が見られる。二階は住居、三階は最も小さく礼拝堂、ヴォルトと床はなくなっているが、壁に作られた階段は残っている。大天守閣の奥には深さ二十五メートルの井戸がある。十二世紀には天守閣は離れて作られていて、円を描く二重の壁が周りを覆っていた。城の「石壁」と呼ばれる二つめの壁は今でも見ることができる。ところどころで天守閣を際立たせている扶壁の独特の形状を調べてみれば、この円筒状の形により死角が避けられていることがわかる。

その後は戦略の進歩に見合って攻撃性のある天守閣を建てるようになる。リチャード獅子心王がセーヌ川沿いのレ・ザンドリに建てたガイヤール城は各所にいくつかの塔を持つ非常に強化された城壁である。天守閣は半円形の塔のある石壁により補強され、強大な城塞であり十四か月という速さで完成した。英仏戦争時にガイヤール城が果たした役割は本書の第一章ですでに述べてある。

これらの城はおおむね二階が住居として使われ、一階と地下室は食料保存庫であった。ときとして夢想的想像力がかきたてられて地下室にかの名高い「地下牢」を思い描くことがある。そこに動物の骸骨がいくつか転がっていれば身震いするような伝説が生まれるのに十分である。これらの馬鹿げた物語に最初に反論をあげた人々の中に、ナポレオン三世によって歴史的建造物の視察官に任じられたプロスペル・メリメがいる。「一体どれほどの貯蔵庫や木の倉庫が恐ろしい独房と思われていたことか！　どれほどの骸骨や台所の残骸物が封建的虐政の犠牲者の骨だと思われていたことか！」とメリメは書き残している。にもかかわらず、このような伝説はあちこちで生き延びて、知識よりも熱意のある優秀なガイドたちによって語り継がれてきたのである。城にはすべての独房があるが地下牢と思われていた箇所は穀物や小麦粉の貯蔵庫、またはワイン・食料等の貯蔵室または貯水槽、もしくは便槽であった。城にはいくつか便槽があり、フィリップ・オーギュストの兵士たちがガイヤール城へ侵入したのは便槽からであった。

封建時代の城の全体像をよりよく知るには、シノンの城を訪れるのがよかろう。なんとなればちょうど城の下の方に間隔を置いて並んでいる、とがったすてきな屋根の家々がある町から城は離れていない。その上このヴィエンヌ川の優雅なカーブが色どる気持ちの良い景色の中で、王から炊事係の一員に至るまであらゆる種類の人々とその家族が住んでいた城の当時の様子を知る手がかりが、廃墟とはいえ各部分にその足跡をとどめているからである。

封建領主たちの姿は伝説によって少々悪く語られていた。広く暗い部屋に閉じこもって、死ぬ程退屈していたであろうと思われていた。退屈しのぎに戦争をしかけ、農民の家を焼き討ちし、収穫物を荒らし、修道院を略奪し、ときには十字軍に参加すると想像されていたのだ。彼らが十字軍に出発する際には、妻を厳しく監禁し、彼女が小粋な小姓の言い寄りを受けつけないで、織り終わることのないタピスリーを刺繡するための材料の他には何も与えなかった——と思われていた。おかしなもので封建領主のモデルを武勲詩にまで求めたのである。武勲詩は全くの想像上の作品であり単なる文学的虚構であり、なんら現実の社会を描き出してはいない。当時の西洋世界の関心事であった大いなる戦闘、即ち「サラセン人」との戦いがもたらした産物である。武勲詩は自由な空想力で英雄的行為、領主への忠誠、戦場での勇気を称揚する。それについての資料の探索はしない。ところで封建領主たちは無知で粗野な人物だったのだろうか？　そう思う人は、一番古いトルバドゥールはポワティエ伯にしてアキテーヌ公である ギヨーム九世であったということを忘れている。彼は完全な表現で優美な詩と奔放な詩を代わる代わる歌っている。彼の他に身分の高い人の例を挙げると、ロベール敬虔王（カペ王朝第二代の王で、ユーグ・カペの息子）がいる。繊細な教養人で典礼歌の作曲を残している。今日でも聖霊降臨祭の八日間に教会で歌われる「聖霊よ来たれ」は王の作品と言われている。

領主は退屈していたのであろうか？　当時の人々に与えた印象はそうではなかった。一一四七年頃「礼儀作法」という詩の本を書いたレンヌの司教、エティエンヌ・ド・フジェールはこの中で、当時の様々な人のタイプ（騎士、聖職者、領民等）を描き、領主の生活を活力に富んだものとして歌っている。

こちらと思えばあちらへ行き
しょっちゅう動き回っている。
休息もなく一箇所にとどまりもしない
大抵は愉快だが、心配顔の方が多い
あちこち行き来して休みを知らず
ああ動くのを止めてくれたらなあ

封建領主はまずは一兵卒のようだ。彼の印は乗馬姿で、楯を手に剣を振りかざした姿である。そもそも領主に与えられた任務は、第一に軍事職務なのである。細民、農民、職人は戦わない。領主だけが兵役義務を持ち、その義務は個人的なものである。宗主が兵役を要求するごとに臣下である領主は自分が抱えている何人かの兵士をつれて装備を整えて出頭せねばならない。すでに述べたことだが年に四十日の兵役義務の慣習があったのである。

領主の装備は想像するよりずっと簡単なものであった。主として鎖帷子と呼んでいる鎖の環で編んだ陣中着、楯と兜、それに攻撃用武器として剣、または平坦地の戦いのときは槍。アンジュー伯でありノルマンディー公であり、十三世紀初頭にはイングランド王となったジョン失地王の印璽は誠に典型的である。その中にジョン失地王の鎖帷子がみえないのは、当時の一般的慣習に従って、王はチュニカのように柔らかく軽い長上衣を着ていたからである。これは金属の網の環に当たる太陽の反射で目がくらむのを防ぐためである。以上が封建時代を通じて用いられた装備である。劇場で見る騎士の重々しい甲冑とは全く異なる。鉄板で作られた甲冑は火器に対して防備が必要となったとき、即ち十四世紀後半になって初めて現われたのである。わが国の博物館に保存されている大半の甲冑は十六、十七世紀のものである。鎖帷子の下には詰め物をしたチョッキのようなものを身に着けていた。足はどうかというと馬の頭を覆う馬頭甲のような鉄靴がよく用いられていた。

兜に関してはさまざまの形がある。鼻当てのある円錐形の兜であったものが十三世紀になるとジョン失地王の兜のように、頭全体を覆う底が平らな鍋のような形となる。顔はさらけ出しているか、あるいは覆われている場合には目と呼吸する部分には割れ目が付いている。十三世紀末になると、ずっと軽い、とがった兜がとって代わるようになる。

楯はなかなか面白い。というのも戦場や馬上槍試合で目立つように騎士は紋章や象徴的色彩を楯にほどこしたのである。

紋章の起源は非常に古いと思われる。オランジュ〔南仏の町〕の凱旋門上に立つ像はケルトの戦士が模様のついた楯を手にした姿である。楯の模様は単に装飾的なものであったが、次第に独自のしるしを形作るようになった。それは人物だけでなく、その人の家系をも示し、ときには婚姻関係を表わす象徴も加えられ、十五世紀には紋章学が出来上がるのである。

中世の城を訪ねたならばそこに多くの人々がざわめき、働いている様子を想像してみるのがよいだろう。領主とその家族の他に城には多数の「召使い」が生活していた。召使いの語源は「その家の者」の意である。そもそも「家族」という言葉は、中世では領主の子供たちを意味するだけでなく、領主のそばで生活しているすべての人々のことであり、その中には仕事場や台所で働く、しがない農奴も含まれていたのである。

領地、それは生活の一単位である。おおむね必要なものはその場で生産されていた。つまり領地内で、水車で粉をひき、パンを焼き、馬蹄を作り、食用の家畜を撃ち、布や羊毛を織っていた。少なくとも町がまだ発展しない頃はそうであった。十二世紀に入ると以前は自分の領地内で作っていたものすべてまたは一部を、町に買いに行ったり行商人から安く買うようになる。したがって暖炉や鍛冶に必要な木材、水車でひく麦、織物用の羊毛を売りに来る人々や、収穫物を納屋に入れる人、または貯蔵庫で樽を動かす人などが絶え間なく行き来する姿が想像される。

城のまわり、丘の上には農民、農奴、自由民たちのささやかな家々が隣接して建てられている。領主は直接、耕作地や自分だけの狩猟地を所有している。いわゆる立入り禁止地である。その他の領地については それを耕作している人々は収穫の一部を領主にさしださねばならない。したがって七月の取り入れから十月のブドウ収穫期までの収穫物取り込みは大変な仕事である。

大体、九月二十九日のサン＝ミシェルの日、またはクリスマスに領民は領主にちょっとした貢物を運ぶ。鶏二羽、卵、羊一頭等、場合による。農奴は土地を離れる権利はなく、もっとも領主も農奴から土地を取り上げる権利はなく（農奴が死ねば直接の相続人がいない場合を除いて農奴の子供たちにその土地は移行する）、農奴は自分たちへの領主の権利を承認して人頭税（ほぼ四ドニエ）を差し出しにやってくる。こうして農奴は主人に会い、主人の頭上に四ドニエを置くのである。これは主人への従属関係を示す。領主はこれを受け取り、そこに居合わせた人々に配るのであった。

アンジェで、この美しい城を訪ねると歴代アンジュー伯の思い出が甦るのだが、同時にル・ロンスレ修道院〔ベネディクト派大修道院、一〇二九年建立〕のただ一つ残っている古い塔の傍らに立ってコンスタン・ルルのことも思い起こさねばならない。

コンスタン・ルルとは何者か？ ル・ロンスレのしがない農奴で十一世紀後半の当時の社会階層の中では最も低い身分の者である。このような昔に、たとえばシュジェ〔農奴だったがサン・ドニ修道院長となる」のように例外的な出世を果たした農奴は別として、ただの農奴の何らかの足跡がわかっているのは非常にまれなことである。現代の碩学ジャック・ブサールがル・ロンスレ大修道院の特許台帳の中で彼に関する証書を調べて彼の一生の歴史を甦らせなかったならば、コンスタンも世の何百万の農奴と同様、忘却の彼方におしやられていたのであろう。この特許台帳とは記録簿のことで、修道院の勘定書にのった様々な記録、寄贈、契約、売買、遺贈等の証書が書き写され、少なくとも言及されているもので、十一世紀末のある一人の隠修修道女がこの人物の略述に心を留めたのである。

コンスタン・ルルはサン＝テヴルー教会に近い修道院の食糧貯蔵庫番を託され、またドゥートル地方に隣接したブドウ畑の番人もしていた。その後しばらくすると修道女たちはシャンゼ門近くのブドウ畑の半アルパン〔一アルパンは二十〜五十アール〕とパン焼きの窯付の家（これはエルマンガルドという名の未亡人が修道女たちに遺贈したものである）を彼に終身年金として与えてやった。以上に加えて、その後エスポーとフマールにある耕作可能な二つの土地といくらかの草原が与えられた。コンスタンは明らかに仕事に精を出しているようであった。

しかし彼はその仕事から利益を生み出そうと考えた。ある日修道女たちに会いに来る。彼が修道女たちと収益折半で耕作しているこの土地は労働の割りに収益が少なすぎるという。修道女たちは妥協し、収益折半の契約を「物納地代」つまり定まった代価の契約とすることを承認した。コンスタンは満足して引き上げたが、これも長くは続かなかった。ある遺贈が修道女たちの懐に入ったことを聞きつけた。彼の土地にまさに隣接する通称栗の木と呼ばれているブドウ畑二アルパンである。このブドウ畑はあらゆる負債から免除されている。コンスタンはまたもやロンスレ大修道院に現われて、このブドウ畑を終身年金として受け取った。その後もまたもや懇願してラ・ロッシュ・ド・シャンゼあたりの二アルパンの草原を手に入れる。

こうして元は修道院のしがない使用人であったこの農奴は裕福な開拓者となりおうせた。しかし残念ながら妻のゴスベルジュは子供を生まなかったので、コンスタンは甥のゴティエと姪のイズーを家族とした。イズーは修道院の食糧担当の修道士ロオと結婚することとなる。ゴティエについては、コンスタンは彼を自分の働く土地につないでおこうとする。コンスタン自身は年老いてからサン=トーバン修道院へ隠修修道士として入りたいと申し出る。彼の妻の方はロンスレ修道院に入る。しかし、一度修道士となるやコンスタンスは修道女たちに対し、自分は修道女のためによく働いたのだから甥が自分が得ていたと同じ特権と、同じ土地を得られるよう要求し、かなえられた。

コンスタン・ルルのこの物語はルグラン、ルフォール、デュボワ、デュヴァルといった名の何千人もの百姓の物語でもある。働き者で粘り強く、抜け目なく、自分の少ない土地を増やせるあらゆるチャンスに気を配り、谷間の牧草地や丘のブドウ畑を見事に開拓する百姓たち、その上彼らは財産への愛着と同じくらい家族を思い、俗世のことしか考えていなかった彼らの生の終わりには神へ目を向けることもできるのであった。

ところで身分の高い領主――アンジュー伯の場合だが――に関しては、自分の保護下に臣下を持っているがその臣下たちもまた領主なのである。ユーグ・カペの時代に、アンジュー伯はトゥーレーヌ地方の全東部、即ちロッシュ、アンボワーズ、モントリシャール、モントレゾールの領主であると同時にベリー地方により小さな領地（シャティヨン=シュール=アンドル、ビュザンセ、ヴィラントロワ）をも所有し、かつルーダンとその地方をも手にしていた。しかしこの領土のゆえにアンジュー伯はギュイエンヌ公に臣従の誓いをしていたのである。このことは封建制を特徴づける権利と義務の錯綜関係を表わしている。

また城中では家臣の長男たちが城主の子供たちといっしょに育てられていた。家臣の長男が十歳ぐらいになると父親は領主の城へ彼らを送り出す。そして領主の子供と同様の教育を受けさせるのである。城主の礼拝堂付き司教が子供たちに読み書き、ときにはラテン語での会話を教え、歌は必須科目であった。彼らは丘や川辺でともに楽しく走り回り、木登りをしたり、天気の良い日にはボート遊びをした。また城の中庭で弓を引いたり、乗馬をしたり、狩猟のあらゆる奥義を習得するのであった。

この子供が父親から相続をうける日がやってくる。幼い頃育てられた領主の城へ来て臣従の誓いをする。この重要な儀式はおそらく、今日かのすばらしい黙示録のタピスリーのあるアンジェ城の広い部屋のような場所で行なわれたのであろう。全臣下たちに囲まれて領主は背の高い椅子に座り、臣従の誓いを行なう若い臣下が現われるのを待つ。若者は冠りものをせず、剣も持たず、ひざまずく。剣帯をといてさえいる。これは領主にわが身をゆだねているというしるしである。領主は、彼が無条件で自分の臣下となるつもりか否かを訪ねる。若者は答える、「そう望みます」。そして両手を領主の手の中に置く。領主は彼を抱擁する。それから若者はたった今行なった臣従の行為を信仰心で果たすべく、礼拝堂の聖遺物にかけて誓うのである。「神かけて、ただ今より伯に忠誠をつくし、臣従の誓いを守り、決して破らぬことを衷心より約束します」。大抵の場合領主は一塊の土または藁しべを若者に与える。若者が所有することになる封土を象徴するものである。

こうして二人は言葉で交わされた双方の契約によって互いに義務を負うこととなる。一方は忠誠、他方は守護の義務である。シャルトルの司教フュルベールは、臣下は領主に助力と助言を与えるべきと明記して、その基本的義務を列挙している。助力、それは軍隊出動を含む。金銭的援助もあるとして事例が的確に示されている。

次の四つの場合は臣下は領主に納税せねばならない。まず領主が捕虜となったとき（臣下は身代金を支払うべし）。領主が十字軍に出征のとき。領主の長女の結婚、および長男が騎士に認められたときである。これを四種の救援という。

さて助言は臣下にとってなかなか厳しい義務である。ことに領主が「裁判」を行なっているとき、つまり裁いたり係争を解決したりする場合には領主の傍らで助言を与えねばならないのである。フランドル伯シャルル・ル・ボンの例をあげると、一一二二年、伯は臣下たちを召集し、サン＝ヴァースト修道院とアングルベールという名の臣下の騎士との間の争いを解決させようとした。「各々がた、そなたたちが私に負っている誓いにかけて懇願するのだが、アングルベールと修道士たちに与える返答が、非の打ち所なく完璧であるような判定を引き出し、決定していただきたい」

重大な場合は臣下が裁判官から裁かれねばならぬことがある。聖ルイ王の治世で、ある有名なことがあった。王の直臣で貴族の一人アングラン・ド・クーシーは自分の領土の禁猟区で狩りをしていた三人の若者を見つけ、つるし首に処した。三人の親たちは自分たち直属の領主でサン＝ニコラ＝オ＝ボワ（ランの司教区）の修道院長の支持を得て、王に直訴し裁判を仰いだ。聖王ルイは宮廷を開き、他の直臣たちを集め、直臣たちは討議の末、この際古い慣習の決闘裁判を甦らせるべきだと王に要求する。二人の闘士、一方はクーシーの領主から、他方はサン＝ニコラ＝オ＝ボワ修道院長から指名された者が騎馬試合場で対決する。勝者いかんにより、どちらに非があるかを決定する、というものであった。しかし王はそれは正義に反すると意見する。なぜならクーシーの殿のような高い身分の貴族に対しての闘いに同意する闘士を見つけるのは難しいだろうから。ブルターニュ伯は反論する。決闘裁判を否定することは慣習に逆らうこととなろうと。そこで王はやんわりと彼に対し、あることを思い出させた。「以前、貴殿はこんな風には話さなかったな。貴殿に属している貴族たちが貴殿への苦情をわれに提訴し、貴殿との決闘で自分たちの正しい権利を証明したいと申し出たとき、貴殿はわれわれの面前で、これは闘いではなく調査尋問で解決すべきだといわれたのではなかったか？　そして決闘は正当な方法ではないといわれたが――」。こうして物事のより正しい見方を促されたブルターニュ伯は言い分を撤回し、王は判決を言い渡した。クーシー殿は罰金一万二千リーヴルを支払うべし。殿が大罪を犯した森は没収されるべし。以後、殿の臣下たちへの裁判権は剝奪されるべし。

領主の息子とその臣下たちの息子が騎士に叙される日は大祝日である。この日、城には大勢の人が大挙してやってくる。近隣の領主や貴婦人は供人をつれて列をなす。片や宴会に出される家禽や家畜を処分するのに忙しく立ち働く人々がいる。仕立屋から料理人まで、皆が急いでいる。

騎士制度とは何であろうか？　おそらく中世で最もすぐれた制度であろう。それは戦争に関して、つまり強者の権利が他者に対してもち出す、はてしない欲望から生じる問題についてキリスト教的解決をもたらすものである。

6　ギュイエンヌとポワトゥー――アリエノールの物語

この日、全ボルドー市民はガロンヌ川の岸辺に出て右岸を見つめていた。そしてロルモンの高台に見える円錐形や天幕の形をした色とりどりの幕舎を指さしていた。この真新しい野営地には活気が満ち満ちており、すべての色調を光り輝かせる七月の太陽のもと、領主たちも従僕も楯持ちも皆が活発に動き回っていたのだ。それはあたかもギュイエンヌの首都に包囲をしかけようと、軍隊が町の前に陣営を張りにやってきたかのようであった。軍隊の上方には百合の花がひらめいていた。

しかしそれは布陣のためではなかった。ルイ六世王の息子でフランスの後継者たる若きルイがボルドーにやって来たのは戦闘をおこすつもりではない。銃眼のある城壁の町、ガロンヌ川の河口にボルドーの町人たちが建てた周辺区域の要塞都市、町を睥睨《へいげい》するサン＝スランやサン＝タンドレ寺院の鐘楼、カエサルの軍隊のもとですでに繁栄したことを思わせる古代寺院のテュテル宮殿などに視線を移すルイのまなざしは愛に満ちていた。つまりルイはアキテーヌ公領の後継者アリエノールを娶りにやって来たのである。そのころ許婚者であるアリエノールは、オンブリエールの彼女の城の中で着付け係にとりかこまれ、これから身にまとう衣装をもう一度見つめていた……。

……これより二週間足らずの後、一一三七年八月一日、アリエノールはフランス王妃となるのであった。その間思いがけない事態が出来したのだ。フランス王ルイ六世が亡くなったのである。ボルドーのお祭り騒ぎでまだ頭の中は一杯の若い夫婦は、王座につくべくパリへの途を急ぐのであった。

わが国の歴史の中でも最も波瀾に富んだ物語の一つは、この突発事件から始まるのである。アリエノールが目にしえたものの中で、ボルドーには現在でもサン＝タンドレ大聖堂の身廊が残っている。結婚式はここで挙行された。もっとも丸天井は十六世紀に再建されている。その外にもサン＝スランの地下聖堂と十一世紀のポーチ（柱頭にはアブラハムの犠牲の像がある）、聖スランの墓、古くからあるクーポール、後陣と内陣（この二つは十二世紀末のものである）もアリエノールは知っているはずである。

アリエノールが遺贈を受けたアキテーヌ公領はフランス西部の最も広大な領土、即ちベリー地方からピレネ地方までの今日で言えば十九の県を含む広さであった。このような遺領を、往々にして不従順な臣下たちから防御するには、剣槍の技に長けた歴代の当主が必要であった。したがって、死期を悟ったアリエノールの父親は娘の件でフランス王に申し込んだのである。王はこの申し出をおろそかにせぬよう気を配ったことであろう。最も美しい宝石、最も美しい布地を数々の長持ちにいっぱいに詰め込んで、王は実子ルイを南仏へと急ぎ送り込んだ。こうして二か月の間に若き王ルイは、望外の相続（それまではカペ王家直属の領土はパリからオルレアンまでしかなかった）と妻を同時に手にしたわけである。妻はといえば実を言うと人を不安にさせるほどの美人であった。アリエノールが生きた世紀の年代記は彼女の逸話で埋め尽くされることとなる。

この若い夫婦と供人たちがボルドーからパリへと歩んだ道をたどってみると、サント近くのタイユブール城を今なお見ることができる。シャラント川の右岸にそびえ立つ要塞で、その跡がまだ残っている。それからポワティエにも部分的に当時がしのばれる所がある。

ポワティエはアリエノールの祖父で、最初の吟遊詩人であるギヨーム公お気に入りの領地であった。この桁外れの人物は、当時の詩に非常な影響を与え、彼によって宮廷風恋愛は初めて俗語で歌われたのである。ギヨーム公は「吟遊詩人」の名にふさわしい人物である。「吟遊詩人《トルバドゥール》」は「北方吟遊詩人《トルヴェール》」と同様に「みつける《トルヴェ》」、つまり「つくる」という語から来ている。当時の人々が詩人に求めたものは、戒律正しい韻詩ではなく作詩能力であった。

ポワティエではアリエノールの祖父の思い出が深く刻まれている、かの名高きモーベルジョンの塔を訪れることができる。十二世紀の強力な塔であり、十五世紀にベリー公が修復したこの塔は裁判所（歴代ポワトゥー伯の宮廷であった）の中にあり、とくに重要な建物である。というのもメロヴィング王朝時代、すでにこれは裁判所であったし、二十世紀の今日でも裁判所が占めている。

パリの裁判所（これもまた宮殿であった）以外にはこの建物ほどさまざまな歴史が積み重なっている記念建造物は、それほど多くは残っていない。一九四〇年に行なわれた発掘の際、三世紀のローマ時代の町の城壁の古い外壁（プランタジネット家の大広場の西の壁の下）および、内側には、商店街が並ぶ通りが発見された。包丁や秤や小銭とともに肉屋の売り台が姿を現わした。次いでこの同じ場所からメロヴィング朝の宮殿、カロリング朝の宮殿、そして一〇一八年にポワトゥー伯ギヨーム・ル・グランが建てさせた封建時代の要塞が出てきたのだ。その一世紀のちにアリエノールの祖父がモーベルジョン塔とローマ橋を建てさせた。この橋はマルシェ=ノートル=ダム通りの、ある家の中庭にあり、現在でも見学することができる。かつては城の堀に架かっていたのである。

モーベルジョン塔はポワティエの人々にとっては、「モーベルジョンヌ夫人」とよばれる、ある女性の思い出が生々しい。吟遊詩人ギヨームは愛を歌うだけに満足せず、一度ならずその時代をスキャンダルで飾った行動の持主であった。フィリッパ・ド・トゥールーズと結婚したが、この正式の妻をなおざりにし、資料を信じるならば、「ダンジュローザ(あぶない女)」という象徴的な渾名《あだな》を持つ、さるシャテルロー子爵夫人とねんごろになった。そして夫人をモーベルジョン塔に住まわせたので、子爵夫人だとわかる「モーベルジョンヌ」(モーベルジョンの女性形)という異名が生まれたのである。モーベルジョンヌは家族にもめごとを引き起こした。正式の妻フィリッパは娘のオーデアルドとともにフォントヴロー修道院に引きこもったのである。フォントヴローはこれより少し前、傑出した説教師であるロベール・ダルブリセルによって建てられた。ロベールは高貴な出自の貴婦人から最も下層の女性まで(というのも彼は数多くの売春婦を改宗させた)を彼の僧院で信仰の道に引き寄せたのである。それでもなおギヨームはモーベルジョンヌと同棲しつづけ、ギヨームの実の息子は父を許しはしなかった。一一一九年のダンジュローザの死で親子はやっと和解したのである。

その上悪いことにポワティエ伯は教会の制裁に刃向かったのである。二十年ばかり以前にポワティエの大聖堂でおこった驚くべき暴力沙汰の場面を人々から聞かされたとき、アリエノールの若き夫で大変信仰心の篤いルイは眉をひそめたにちがいない。伯はその破廉恥な行為のせいで、大聖堂で破門の宣告を受けた。大聖堂の真ん中で、ピエール司教が破門文を読み上げようとすると、突然の怒りに狂ったギヨームは司教に襲いかかり、司教の髪をつかんでこう叫びながら剣を振り上げた。「余を赦免せずば、お前を亡きものにするぞ！」司教は口をつぐむ。ギヨームは落ち着きを取り戻し、剣を収める。驚きに打たれた群集の沈黙の中で、司教は破門の書式を宣言しこう付け加えた「さあ、お望みなら殺しなされ！」伯はぶつぶつ言った「憎むべきお前など、天国に行かせてなるものか」。そしてその場を去った。その直後、伯は司教を牢獄に投げ込み、次いでショーヴィニの城に追放し、この高位聖職者は翌年亡くなることとなる。司教の墓では数々の奇跡が起こった。

その後アングレームの司教ジラールによって再び伯に破門が宣告されたときにはギヨームは、もっと軽やかなやり方で事態を受け止めた。巧妙な手段で司教をやり込めることでよしとしたのである（ジラールは全くのはげ頭であった）。「余が伯夫人を思い切る前に、お前のその御し難い頭をくしでカールさせろ！」

このような逸話の数々は、若い夫婦にとっては模範となるものでなかったのは確かである。ここからルイ七世がどの程度に悪い兆しを憶測していたかは知らないが、アリエノールは時がたつにつれて、この恐るべき祖父の片鱗をのぞかせ始めたようであった。ギヨーム九世はこのように情熱的で乱暴ではあったが、ついには、みやびな宮廷詩とその愛の影響を受けて、彼に関して一番詳しい文学史家レト・ベッツォーラが言っているように「かつては放蕩者であったものの肉欲を地上の愛としては最も高い段階にまで高揚させた」人物である。

こうして中世フランス南部の吟遊詩人中、最初にして、おそらく最も高名なギヨームは、静謐のうちに終息を迎えたのであった。

われ、かつて壮挙と歓喜のうちにありしも
二つながら捨て去りて、もはやかえりみることなし
すべての罪人に、平安を与え給う御方のもとへと、
やがてわれも旅立たんとす
われ、楽しげに陽気なりせど
主はもはや、そを望み給わず
すでに終焉に近づきたれば
われ、もはや重荷にたえる能わず

若きルイ七世がポワティエ伯の位につき、周辺の諸侯たちの臣従の誓いを若き妻のかたわらで受けた頃は、これらの詩、激しさ、愛といったすべての思い出がポワティエの雰囲気をかもし出していた。
今日われわれがポワティエで目にするものの中で、この若い夫婦はこの他に何を見たのであろうか？サン＝ジャン洗礼堂（おそらくフランスに存在する最も古いキリスト教の建造物である）、そしてサント＝ラドゴンド教会（十一世紀末の一〇九九年に聖別されたのだからアリエノールの結婚のときには四十年はたっていなかった）。教会の後陣と周歩廊および地下聖堂は当時のものである。聖女ラドゴンドのためにポワティエ司教にして詩人のフォルテュナは、吟遊詩人たちに詩想を与えることとなる数々の

尊敬のこもった愛にみちたすばらしい詩句を作詩したのである。

ルイ六世の死で、ルイとアリエノールはパリの地に足を踏み入れ、宮殿の階段の前ではもう王と王妃であった。花咲けるパリ、アベラールが教鞭をとり、トマス・ベケットとジョン・オブ・ソールスベリーが神学を学んだパリ、修道院長シュジェがサン＝ドニの大修道院付属聖堂の建立に思いをはせていたパリ。そこでは聖ベルナールの大音声が響き渡ろうとしていた。

ルーヴル美術館には、真珠と宝石がはめこまれた天然水晶の一箇の壺がある。大体次のように書かれた文字が読める。「この壺は、許婚者であるアリエノールがルイ王に贈ったものである。王はわれにこれを与えた。われ、シュジェはこれを聖人たちに献上す」。名高き王妃についてわれわれが持っている唯一の思い出の品であろう。サン＝ドニの献納の際におそらく彼女の夫がシュジェに贈ったのではなかろうか？　いずれにしてもこの壺が発見されたのは付属聖堂の宝物殿の中である。

アリエノールは美しかった。すこぶる美しかった。年代記者たちの言によると、彼女は感じがよく、勇敢で、「アドミラビリス・アストゥキア」とラテン語で表現されている。「頭の回転が速い」または「すばらしく機転がきく」と訳すことができる。彼女の夫はこれらの評価の正当性を代わる代わる見出すこととなり、また、人々が上下を問わずうわさしていた彼女の魅惑をも知るようになるのであった。ルイ七世自身は極端に敬虔であり、アリエノールは結婚後しばらくすると、話を聞きたがる者には、自分は修道士と結婚するつもりではなかったと言っていた。王が行なう長い祈り、断食は若い妻を決して喜ばせはしなかった。当然、朝課を祈るよりは化粧や宝石に身をやつす方であった。聖ベルナールのきびしい言葉は、おそらく彼女にあてられたものであろう。「宮廷夫人の服装は羊毛または絹の最も上質な布地でできている。マントの裏地とふち飾りである二枚のすばらしい織物の間に使われているのは高価な毛皮である。彼女たちの腕には多くのブレスレットがはめられ、耳には精巧にはめ込まれた数々の宝石の耳飾りが下がっている……。聖堂だけがそのように飾られるべきであるのに、それと同じように彼女たちは着飾っている。その高価な服地の引きすそは、ほこりの雲を舞い上げる。金、銀、宝石類および王の栄光をより引き立たせることのできるすべてのもので惜しげもなく飾り立てている」

当時の服装は女性にとって最も調和のとれた服であったことは事実だろう。長く細く、紐で結んだブリオー（チュニック型上着）を着て、ゆったりとしたスカートを長く引きずり、腰の所で胴着に合わせている。この格好の粋な南仏の女性を想像するのはむずかしくない。襟ぐりから下着（シュミーズまたはシュミーズとブリオーの間に着るもの）が見える。エレガントな婦人は柔らかい綿または羊毛か絹、ときにはサンダル（タフタのようなもの）やサマイト（錦繍）、またはサテンのように、商人が地中海の港から高い価格で持ってくる東洋の織物のような貴重な布地を選んで作らせていた。もしくはより簡単なコットとスカート、ゆったりとしたブラウスを着る。ブラウスの袖は長く、袖ぐりは非常に広く、しかし袖口は大変狭いので袖が肘まで割れていなければ手が入らなかった。したがって朝、コットの紐を通すとき、前腕の所で袖を縫うなり、紐で結ぶなりしなければならなかった。袖ぐりで、よくピンで留めたり縫ったりしていた。中世末までは袖は常に衣服から独立していたということがわかる。

これに反してブリオーの袖は、普通はより短く広く、下着に着るシャツの袖が見えていた。十二世紀中頃になると——おそらくアリエノールのような王妃がこの洗練さに何か影響を与えたのであろうが——袖の長さは誇張され、床まで引きずるのを避けるために、ときには袖を結ばなければならなかったほどである。

十二世紀初頭には長上衣《サーコート》が出現して大流行となる。ブリオーの流行が下火となり田舎で着るブルーズ〔仕事着、上っ張り〕に変わっていった一方で、長上衣は一種のまっすぐなドレスとなり、袖なし、ウエストなしで、もう一つのドレスの上に着るもので、こちらは袖の色で長上衣とのコントラストをつけていた。

また当時は毛皮をよく着ていたが、毛皮は現代よりよほど一般的であった。狩猟が今よりさかんだったのである。平民はありふれた兎の毛皮で満足し、貴婦人や領主たちはシベリアリスやテン、黒貂の毛皮のコートを身に着けていた。つまりコートは毛皮の裏つきなので前述したように聖ベルナールが憤るのである。

この上からなおも寒さをしのぐためにケープまたはフードつきマントを羽織るのである。


当然のことながら、アリエノールは聖職者との会話よりも装いの手入れやトルバドゥールの歌声の方を好んでいた。香油や化粧品用の、彫刻のある象牙でできたすてきな壺などを彼女は使っていたにちがいない。これらは他の品々とともにクリュニー博物館に保存されている。この他にもトゥールーズのミディー付近にある数多くの町の特産であるツゲの木のくしや、やはりクリュニー博物館に保存されている象牙のくしなども使っていたのであろう。当時の発明品であるガラスの鏡もおそらく彼女のお気に入りだったにちがいない（古代には鏡というものは磨いた金属か、川辺の水面でしかなかった）。

彼女は音楽とダンスを好んだが、シテ島の謹厳な宮殿では、カロル〔緩やかなテンポの輪舞〕やエスタンピー〔ダンスのための歌曲〕はそれほど鳴り響かなかったであろう。この二つの歌と踊りは互いに入り混じり、フルート、ハープ、タンブランのリズムにのって人々は手をたたいて拍子をとりながら歌うのであった。ダンス音楽は単純なモチーフで、酔いしれるまで、際限なく繰り返され、疲れてくると、人々の輪は崩れ、次はトルバドゥールたちの出番となる。

アリエノール・ダキテーヌの時代は南仏の詩が最盛期を迎えた頃であり、しかもそれはアリエノールの故郷ポワトゥー、リムーザン、ギュイエンヌにおいても最も顕著であった。この南仏の詩の推敲において決定的役割を果たしたのはラングドックおよびトゥールーズ地方であると長い間考えられていたし、詩人が用いている言葉は異なった地方語を含んだラングドック方言であることから詩人たちはロワール川南方の人たちだという誤った考えがはびこっていた。しかし実際には南仏詩が生まれたのはアリエノールのポワティエの宮庭からであり、多くのトルバドゥールたちがトゥールーズや、ナルボンヌやマルセイユの領主たちの傍らで歓迎されたとはいえ、彼らは南仏といわれるこれらの地域の出だけではなく、オーヴェルニュやリムーザン地方をも含んでいたのである。最初のトルバドゥールは王国の中でも有力な領主の一人であったが彼に続く詩人たちは、今日われわれが言うところのあらゆる社会階層の出身者である。たとえばマルカブリュは孤児であったし、ジョフレ・リュデルはブライユの領主であったし、フォルケ・ド・マルセイユはといえば、彼はトゥールーズの司教であった。それにアリエノール自身の息子で、英国王となったリチャード獅子心王自身もトルバドゥールであったのだ。

なかでもジョフレ・リュデルは、多くの詩人たちに詩想を与えた「はるかなる愛」について、見事な詩を残している。

日の長い五月に
遠くから鳥のさえずりが聞こえ
われを喜ばせる
そこを立ち去りしとき
はるかなる愛の思い出がよみがえる
気滅入り、憂いを抱き、われは行く
香りよきセイヨウサンザシの花も
小鳥の歌も
凍りついた冬と同様
われを喜ばせることはない
このはるかなる愛より他の
いかなる愛もわれを喜ばさず
わが傍らにも、かしこにも、これほどに
気高く優れた愛を知らず

そして彼の愛する人については

かくの如き優れたる
真実にして完璧なる愛は
サラセン人の国にあり
この愛故にわれ捕らわれ人とならん……

この詩に関して伝説が生まれるのに時間はかからなかった。トリポリの公妃マオの美貌と美徳のうわさだけを聞いて公妃に心奪われた詩人が出来上がった。彼女ゆえにこそ詩人は十字軍に身を投じ海の彼方へと危険な旅に出たのであろう。そして疲れと、公妃に会えた喜びで、この美しい人の足元で息絶えることとなる。これは全くの想像上の産物である。というのも十三世紀初頭のことだが、ある無名の作家がトルバドゥールたちの伝記を、その各々の詩人に特有のテーマを織りなしながら空想力を働かせて書くことを思いついたのだ。ともかくジョフレ・リュデルの物語は多くの詩人たちに想を与え、エドモンド・ロスタン〔十九世紀、フランスの詩人、劇作家〕は『はるかなる国の公妃』〔詩劇〕の中で、このテーマを再現している。

封建社会全体に熱気をもたらせた愛の詩の典型はヴァンタドゥールの宮廷においてであろう。彼の主君であるエブル自身も詩人であったが、ベルナール・ド・ヴァンタドゥールという名のトルバドゥールをかかえていた。ベルナールはヴァンタドゥール城のパン焼き窯で働く、農奴の息子にすぎない。しかし彼こそがおそらく最も繊細な愛の詩を現代に残してくれたのである。封建領主のあらゆる宮廷においてもてはやされたベルナールはアリエノールの宮廷に受け入れられた。それはアリエノールがルイ七世と離婚した、まさにその頃である。その後ベルナールはイングランドに渡り、次いで南仏に現われ、トゥールーズ伯の宮廷にしばらくは留まっていた。亡くなったのはドルドーニュ地方のダロン修道院である。彼は願っていた通りに愛の歌だけ歌って一生を終えたのである。

長きにわたり
心みだれし　恋ゆえに

今や知る
傷つきうなだれ
おろかなりし　わが心
そは　歌わざればなり
歌わぬほどに
心残りの増すほどに

ヴァンタドゥールの城近く、同じコレーズ地方にウセルの城がある。ここに四人の領主、ギー、ペール、エブルの三人の兄弟と、彼らの従弟エリがいて、一種の論争詩形式の詩を面白い様式で作詩していた。カンタル〔オーヴェルニュ地方〕にモントードンの修道士と呼ばれる、愉快な人物がいて、そのおどけた作詩で名を上げていた。しかし、ここにアリエノールのために こそ最も大切な数々の作品を作詩する人物がいた。このトゥーレーヌの僧ブノワ・ド・サン＝モールが（大変な成功を収めた）かの名高き『トロイ物語』をささげたのはアリエノールに対してであった。古代にはなかった「物語」という文学部門は以後中世文学においても近代文学にあっても支配的な重要性を帯びることとなる。トロイの戦争という古代のテーマはここでは完全に一新され、主要な構想はもはや戦士たちの冒険ではなく、心理的冒険、つまり英雄たちが心身をゆだねる愛なのである。

これこそフランスの宮廷でアリエノールをとりまいていた状況であり、当然彼女の夫をいら立たせるものであった。一一四八年、聖ベルナールの呼びかけに応じてルイ七世が十字軍に出征したとき、大部分の領主たちがそうしたように王も妻を伴って出発した。それが悪かった。王妃はアンティオキアで若い叔父レイモン・ド・ポワティエに出会ったからである。叔父はアンティオキアの継承者アリックスと結婚して、海外での主要君主の一人であるアンティオキア公となっていたのである。王妃と公の近密すぎる友情は王を激しくいら立たせ、十字軍に災難をもたらす以外の何物でもなかった。というのも、いまいましく思った王は、レイモンの正当な意見に耳を傾けようとしなかったのだ。レイモンは十字軍国家にとり絶えず脅威となっていたアレッポの町の攻撃を進言した。ところが王はダマスカス（この町のスルタンは伝統的にフランス人に対して好意的であった）を包囲したいと言い張るのであった。不必要な包囲は誤った政策をますます悪化させた。王と王妃を日々離れさせ遠ざけた不和が加わり、すべてが二人の破局の原因となったのである。

ところで離婚からほんの数週間後、アリエノールは再婚してヨーロッパ中を驚かせることとなる。ノルマンディーの公領を相続したばかりのアンジュー伯ヘンリー・プランタジネットとの縁組みである。

封建制の慣習に従い、彼女は固有の財産――即ち結婚によってフランス王国の直属となったフランス西部すべての領地――を〔フランスから〕取り戻した。カペ王朝の領地はルイ六世の時代の広さになってしまい、その上今度はイングランド王国の領地となってこの有力なライバル国から締め付けられるのである。百合の花の王朝は今後どうなるのであろうか。

ルイ七世は失ったものを理解し、直ちに取り戻す策に出た。アリエノールは二人の娘、マリーとアリックスを生んでいた。ルイ七世はこの二人の後見人として、二人の婚資であるギュイエンヌ地方を取っておくと主張、宣言することとなる。一方ヘンリー・プランタジネットは封建的慣習に反し、主君即ちフランス王の同意なしに結婚を取り行なう。言い訳としては、フランス王の妻を娶ったのであるから。ルイ王はプランタジネットを王の法廷へ召喚した。単なる形式的召喚だったのではなかろうか。しかしヘンリーは返事さえ出さなかった。そこでルイ七世はアンジューのヘンリーの封土を没収すると宣言することとなる。これもまたまったく形式的な行為である。というのもルイ七世はこれを実行に移す権限はなかったのである。何らかの漠然とした戦争の動きがあったが、その後一一五四年八月には和平が締結され、二千マール銀貨〔一マールは八オンスの重量〕と交換にルイ王は自分の言い分を断念したのである。

ところでプランタジネットの領土は拡大の一途をたどった。ヘンリーは弟のジェフリーをブルターニュ公とし、一一五八年にはそれを自ら相続した。南仏でのヘンリーの領地拡大を阻止するため、ルイ七世はトゥールーズ伯レイモン五世と二重の婚姻関係を結んだ。つまりレイモン五世はフランス王の妹、コンスタンス・ド・フランスと結婚、方やフランス王ルイ七世自身はレイモン五世の姻戚、コンスタンス・ド・カスティーユと再婚したのだ。そしてついに一一五八年、フランスとアンジュー家〔即ちプランタジネット家〕の子供たちの婚約が取り決められた。花婿三歳、花嫁生後六か月。ルイ王と〔再婚相手の〕コンスタンスの娘マルグリットと、プランタジネットとアリエノール公妃の息子ヘンリーが結婚するという約束である。

この取り決めはカペ家に利害関係をもたらせた。なんとなればノルマンディーのヴェクサンとジゾールの城塞は将来、結婚の際の婚資となるはずであったから。ところでこの後直ちに、またもやヘンリー側の攻勢が始まる。ヘンリー二世は宗主である自分から免れたトゥールーズを苦々しく思っていたので、トゥールーズ伯レイモン五世の領地へ侵入した。

ここで封建制度化での誓言による臣従がまたもや問題となる。ルイ七世は義弟レイモンを助けるべく駆けつけ、レイモンとともにトゥールーズにたてこもった。ヘンリー二世は多数の軍勢をやすやすと集結させたのに対しルイ七世は、大急ぎだったので、臣下〔ヘンリー二世〕よりもよほど少ない資金しかなく、取るに足らぬ軍事力しか結集できなかった。フランス王側の敗北であろうか？

否。ヘンリー二世が包囲しようとしている城塞の中に、自分の宗主〔ルイ七世〕がいることを知ったヘンリーは宗主がいる場所を包囲することは臣従の誓いを破ることになろうと宣言したのだ。そして、軍隊を引き上げる。つまり、ルイ七世をフランス王に就任させた聖別の塗油式（第三章参照）は、軍隊よりも強く、王朝は守られたのである。

宗主と臣下を対決されたこれらいくつかの小競り合いを「百年戦争の始まり」と呼ぶことがあるが、歴史家の目からすれば全く違っている。まず第一にこれは国家対国家の戦いではない。ヘンリー・プランタジネットはアンジューの人でイングランドの領土に住んだ期間はほんのわずかである。それに、すでに見てきたように本当の戦争だと考えるには封建制の慣習は、なおもしっかりと根をはっていたのである。戦闘行為は一つの町とか、ある城の奪取といったいくつかの地域的軍事行動に限られていて二世紀後の戦争とは全く異なるし、まして今日われわれが戦争と呼ぶ状態には程遠かったのである。

こうしてすべての状況は当時のフランス北西部に非常な繁栄をもたらし、イングランド王（でありフランス王の家臣でもある）プランタジネット家の統治下で、全十二世紀を通じてロマネスク美術の開花をみたのである。ポワティエではサン＝ピエール大聖堂の再建が行なわれた。これもまたポワティエの話だが、ノートル＝ダム＝ラ＝グランド教会の輝きはアリエノールの時代のロマネスク美術がどのようなものであったかを如実に表わしている。十二世紀初頭のすばらしいファサードは当時の彫刻芸術の見事さを証明しているとは言え、建築ラインは忠実にその伝統を守っている。

したがって明かり取りのついた全体像は何ら基本的ラインを損なうものではなく、彫刻は建築の前に影が薄い。これに反して次の世紀になると石像に重きをおくようになり、純粋に装飾的な面を表に出し、有用で《機能的な》ラインを裏方に遠ざけるようになるのである。

美と有用性を分離せず、両者は一つのプランであり、美は基本的ラインを強調するためにあるという考え方、これこそがロマネスク時代を特徴づけるものであろう。当時の人々は人間に必要なものを優先させることを知っていたし、教会は現代の駅や郵便局と同様に必要なものと思われていたのである。

しかし、実用的な建物である教会は神の栄光を映し出さねばならない。人々がそこで幸せを感じるためには教会を愛せなくてはならない。それには教会の美しい装飾が必要である。こうして当時の建造物は有用性と美との見事な集大成となったのである。

ポワティエの裁判所にはプランタジネット朝の下で王朝の名をつけた大広場が再建された。ポワティエ近郊にサン＝サヴァン教会があるが、そのフレスコは、ロマネスク時代の最も美しいフレスコ全体像の一つに数えられている。建築は十一世紀にさかのぼるが、教会は十二世紀初頭に描かれたと思われるフレスコからみて、後の時代である。フレスコ画は建築を際立たせるように配列された帯状に明るい色調で広がっている。テーマは主として聖書の物語で各々の場面は新約聖書の物語を示している。

ともかくアリエノールのものであった領地を一巡することはロマネスク美術をめぐっての忘れ難き周遊に他ならない。ポワティエからほど近くショーヴィニにはサン＝ピエール参事会教会の比類なき一群の建造物（十二世紀）がそびえ立っており、驚嘆すべき一連の柱頭を見ることができる。この小さな町には数多くの城がそびえている。司教の館――いくつかの部分は十一世紀末にまでさかのぼる。アルクール城――こちらは十三世紀以後である。グーゾンの城――天守閣が立っているが、その中の一部は十一世紀にさかのぼる。最後にモーレオン城――廃墟だが四角の塔はなおその美しい姿を留めている。フランの塔といい、十五世紀に改築された。封建都市の最も典型的なもののひとつですばらしい全体像が眺められる。

周辺の城、たとえばトゥーフーやクーセの城は、より後代のもので、トゥーフー城だけが一部、十三世紀のものを残している。

モンモリヨンにはアリエノールの祖父の思い出がある。公が一一一三年に守護下においた施療院だが、中庭にあるモンモリヨンの八角形と呼ばれているすばらしい墓地礼拝堂の他には当時の建物に関するものはあまり残っていない。この礼拝堂は十二世紀（ほぼ一一八〇年）末のものだが、古い塔は〔アリエノールの祖父の〕ギョーム・ル・トルバドゥールの時代には既に存在していた。八角形の礼拝堂はエルサレムの聖墓教会から想を得て建てられたものである。

この他にも聖墓教会や、キリストが埋葬され、復活した場所のあるロトンドの思い出にまつわるものが多く残っている。聖地より帰国した諸侯たちは自分たちの領地にこれらの複製を好んで建築させていた。中でも最も完全なものの一つがその名も意義深いヌヴィ＝サン＝セピュルクル（聖墓）のバジリカの中に存在している。

領主ウード・ド・デオルは聖地から帰国後、ラ・シャトルとアルジャントンの間のル・ベリーに聖墓教会のロトンドに似せた建物の建築を始め、十二世紀に完成した。半円アーチのアーケードによってつながっている十一本の円柱が壮麗な柱頭とともにいわゆる円形を形づくっている。一種の周歩廊がロトンドのまわりを囲みそれは十四本の柱の二番目の列柱で終わっている。このロトンドは一〇四五年頃に建てられたサン＝ジャック教会に奇妙な具合に隣接していたが、現在はバジリカとして位置づけられている。おそらくロトンドの中には聖地から持ち帰った何らかの聖遺物があったのであろう。実際それを示す碑文が発掘により発見されている。

このような具合に、この全地域――ポワトゥーではエルヴォーやパルトネ＝ル＝ヴィユーやサント＝ジェム、オーネ等の教会、リムーザンではソリニャック、ケルシーではスイヤック、そしてカオールのカテドラルまで――をくまなく見て回ることができる。十一、十二世紀のロマネスク美術がそこで開花したのである。半円アーチのアーケードやそれらの柱頭の多様性には驚くべきものがある。

特にペリグーとアングレームには足を止めねばならない。この地方の魅力の一つを形作っている感嘆すべき丸天井の教会があるからだ。

ペリグーのサン＝フロン教会は、十九世紀に行なわれた軽率な修復にもかかわらず、その見事な様相を残している。最初は十一世紀に建てられたある修道院の教会であったもので、そのファサードは今日も目にすることができる。現存する教会が建てられたのは十二世紀初頭と思われる。昔の大聖堂が宗教戦争の結果、損壊したので、現在のサン＝テティエンヌ教会が十七世紀に大聖堂となったのである。サン＝テティエンヌ教会も丸天井で覆われていた。丸天井の教会はあと二つ残存しているが、古い方（西側）は一一二〇年以前のものである。

これら丸天井の教会の中に、アラブやビザンティンなどの外国からの影響や模倣があるとよく信じられたものである。しかし実際にはわが国では洗礼堂は六世紀からすでに大体において丸天井で覆われていた。この地方の丸天井の流行（高所から光を取り入れるので大変実用的である）を説明するには、まず第一に、地質学上の理由がある。土壌は上白亜紀〔一億年以上前〕の層がもたらす軽い物質に富み、これらは丸天井の建立にことのほか適していたのである。

この地方の六十ばかりの教会はこうして説明される。考古学者たちはペリグーの記念建造物の分布地図が地質学の地図と完全に一致することを発見したのである。

アングレームでの最後はサン＝ピエール大聖堂であるが、その身廊は穹隅上の三つの丸天井で覆われている。ファサードは、何回か修復されてはいるものの、その彫刻の全体像はすばらしい。アーケードの下の人物像や、メダイヨン〔円形浮彫り装飾〕の中の人物像とともに、教会の入口には、四人の福音史家のシンボルに囲まれ、聖人や使徒たちの中央に現われたキリストの再臨が描かれていて、ポワティエのノートル＝ダム＝ラ＝グランドとほぼ同じくらいの重要性を持っている。

リムーザン地方では、ドラの教会とその高くつき出た四角い鐘楼が、ユゼルシュやコロンジュやサン＝ジュリアンの小さな町々に活気を与えている。それはまた、カンタルのボーリューやイドとともにドルドーニュ川沿いのスイヤックやモワサックの教会同様、その建築と装飾の豊かさで人目を引いている。

さて、このロマネスク美術の旅はフォントヴロー修道院（メーヌ＝エ＝ロワール県）で終えるとしよう。四つの丸天井で覆われたロマネスクの教会の廃墟は今もなお目にすることができる。中でも十二世紀の珍しい台所と名高い《横臥像》——アリエノールが夫と、息子のヘンリーとリチャードの傍らに横たわっている墓石の彫像がある。彼らは多事多難の一生を終えて、やっと歴史の静謐の中に入っていった。

アリエノールは再婚の夫との間に八人の子をもうけた。《若王》とよばれたヘンリー、《獅子心王》と呼ばれるにふさわしかったリチャード、ジェフリー、歴史上《ジョン失地王》という名で通っているジョン、若くして亡くなったウイリアム、それに三人の女子である。

リチャードは一一六九年、ポワティエ伯の称号を得た。一人のトルバドゥールがもう一人のトルバドゥール〔祖父〕を継いだのである。この《獅子心王》がもう一人のトルヴェール、ブロンデル・ド・ネールとともに作曲したとされる歌によって、《獅子心王》が軟禁から解放されたときの麗しい物語が知られている。リチャードは捕虜になっていた。ブロンデルが捕らわれ人となった主人を探しに出発する。道すがら出会う各天守閣の下で、二人で作った歌を歌う。ある夕べ、ブロンデルの歌の続きをある声が歌った。その声の主がリチャード王であった。

アリエノールの三番目の息子ジェフリーに対し、アリエノールの夫はブルターニュ伯領を与えた。一方、長男のヘンリーは父を継いでイングランド王となり全領地を手にすることになっていた。

しかし《家族にあっても王国にあっても暴君》といわれていた〔アリエノールの夫の〕ヘンリー二世は子供たちの「異議申し立て」と対決する。若ヘンリーは何度も父に反逆を試みた。それには多くの諸侯が加勢をしたが、中でも名高いトルバドゥール、ベルトラン・ド・ボルヌ〔ペリグーの人、十二世紀〕がいる。彼はプランタジネットに反抗の矢を歌で射たので、ダンテは『神曲』を書いたとき、怒りを擬人化して怒りっぽいこのトルバドゥールを地獄に置いたほどである。ベルトランの反抗精神は、彼があらゆるプロヴァンス文学の中でおそらく最も感動的な詩「哀歌」を書くまで続くこととなる。それは彼が終生忠実に仕えたアリエノールの息子の若き王が亡くなったときのことである。

この時代に建造された城の多さがプランタジネット朝の建築者たちの熱情を証明している。主要なものをあげよう。ニオールの城がある。十二世紀末に建てられたこの城は、セーヴル川の岸を見下ろし、二つの巨大な塔は十三世紀には住居部分に併合されることとなる。

これらの城が先代のポワティエ伯たちが建てた城の数に付け加わったのだが、既に存在していた城の中でも有名なのがヴーヴァンの天守閣、メリュジーヌ塔である。この塔は伝説によると一夜のうちに妖精メリュジーヌにより建てられたものである。

プランタジネット朝の一大世紀は混沌としていなかったわけではない。スコットランドからピレネ山脈まで拡がった一つの王国は、支えていくには重すぎたのだ。ところでイングランドの聖職者たちとの争いで、ヘンリー二世は、トマス・ベケットの強い個性が自分に立ち向かってくるのに気づくこととなる。

ロンドンに定住したノルマンディー商人の息子であるベケットは最初は王の最も信頼する顧問官であり、一一五五年には王によって大法官に任じられ、王の愛顧を得、のちにカンタベリー大僧正に選ばれた人物である。ところが驚いたことにトマス・ベケットはイングランドの総大司教となるや、かつて王に忠実な官吏であったと同様の頑固さで今度は教会権力の擁護者になることとなる。王と昔の大法官の間の争いは何年も続く。そこでしばらくの間トマス・ベケットはフランス王ルイ七世のもとへ逃れ、フランスで六年を過ごすこととなる。二人の間の不和はおさまったと考えられた。彼はカンタベリーの地に戻る。そこへ全キリスト教圏のひんしゅくと憤激を買うことになるのだが、イングランド王の四人の騎士がこの高位聖職者を大聖堂の中へ追跡し、暗殺したのである（一一七〇年十二月二十九日）。

殉教した司教の墓はたちまち聖人の墓のようにあがめられ、彼がフランスに避難していたポンティニ〔トロワ南西部〕の修道院（ここにはトマス・ベケットの長袍祭服が保存されている）、次いでサンスの町〔シャンパーニュ地方南東部〕は巡礼地となったのである。

キリスト教圏から辱めを受けたヘンリー二世は自らの権力によって敗北したのであった。教会がヘンリーに赦免を与えたのは一一七二年になってのことである。この年五月二十一日、アヴランシュ〔ノルマンディー西部〕の大聖堂においてヘンリーは自らの非を認めて公に謝罪したのだった。とはいえ王の威信は家族の中においてさえ崩壊していて、その後の長い混乱（子供たちや妻アリエノールとの対決）が始まろうとしていた。

美しのロザモンドとの愛を隠そうともしない不実なヘンリーに腹を立てたアリエノールは愛するギュ

イエンヌへ、父の領土へ戻ってしまう。一一六九年には二男のリチャードにポワティエの領地を与えてやる。一方〔長男の〕若ヘンリーは自分が当然持つべき権力を要求する。というのも父親はヘンリーをイングランド王としてすでに聖別させていたのだ。これはカペ王朝の慣習を真似たもので、フランス王は早くから長男に王冠を与えていたのではなかったろうか？

一一七三年四月、広範囲な反乱が起こる。王の三人の息子がそれぞれの要求を父に申し立てる。ことに長男は多くを求めイングランドとノルマンディーとアンジューの統治権を請求、ヘンリーは封建諸侯たちの中から同盟者をやすやすと見つけることができた。そして当然のことながら、フランス王ルイ七世は、危険極まりない臣下〔ヘンリー二世〕に反乱を起こすその息子たちを両手を広げて歓待したのである。アリエノールはといえば、再婚の夫に反抗し、初婚の夫の許へ逃げようとしたのだ。そこで男装に身をかため、イル＝ド＝フランス地方へ行こうとしたとき、捕まってしまったのである。ヘンリー二世は彼女をシノン城に閉じ込める。

一方ルイ七世は若ヘンリーを情愛をこめて歓待した。もっとも若ヘンリーは婿にあたるのだから〔若ヘンリーの妻はフランス王女マルグリット〕。

すべての確執は《楡の木陰》の会見でおさまることとなる。それはノルマンディーのジゾールとトリ＝シャトーの間の平原にそびえる名高い楡の木のことで、八人の男が手を広げても抱え込めない大木である。フランス王とノルマンディー公の会見はこの場所で行なわれるのが慣わしであった。その後二国間の和平はトゥールとアンボワーズの間のモンルイで締結されたのである（一一七四年九月三十日）。

ヘンリー二世はやっと平穏な時を期待できた。その少し前に二人の末娘を結婚させたのである。ジャンヌをシチリア王に、母親と同じ名のアリエノールをカスティーリャの王に嫁がせた。家族の縁組みと強大な権力（息子のジェフリーを通してブルターニュを手に入れて以来、ヘンリーの領土はフランスの四十七の県と同じ広さになっていた）によって、彼は西側で神聖ローマ帝国皇帝の次に権力を持つ大君主となりおおせていたのである。

アリエノールはどうか――厳重に監視され、イングランドの城へ移送された。

しかし一一八三年になると反乱はまたもや再開することとなる。その間にルイ七世は亡くなり（一一八〇年七月）、歴史上ではフィリップ尊厳王といわれる息子のフィリップは騎士道的感覚も、父親が推進していた平和を求める深い愛も持ち合わせてはいなかった。ヘンリー二世の息子たちに対し彼らの父への反乱をそそのかそうと、あらゆることを仕掛けたのである。

かの名高いジゾールの楡の木の下での会見が度々行なわれた。ことに最後の会談は思わしくなかった。ヘンリー二世王とその側近たちは木陰に陣取る。フィリップ尊厳王は陽を浴びねばならない。和解は得られなかった。怒りにかられたフランス側はかの名高き楡の木をたたき切ることとなる。ここから次の表現が生まれたのだ。「楡の木の下で待っていておくれ」。意味は「待ちぼうけを食らう」。またもや会見が行なわれた。今度はオルヌ〔ノルマンディーの南部〕のボンムーランが舞台である（一一八八年十一月十八日）。ヘンリー二世にとっては悲劇的であった。というのもフィリップ王はリチャード獅子心王を従えて会見に臨んだのだ。フィリップはヘンリーに強要する。リチャードにポワトゥー、トゥーレーヌ、メーヌ、アンジューを与えてヘンリーの後継者として認めよというものである。ヘンリーは拒否する。するとリチャードは父親の面前で、フィリップ尊厳王の前にひざまずき、自らの手を王の手と合わせ、ノルマンディー、ポワトゥー、アンジュー、メーヌ、ベリー、そしてトゥールーズの封土のゆえにフィリップに臣従の礼をとり、自分がフィリップの臣下であると公言したのである。フィリップとリチャードの二人は共謀して、あらかじめ手はずを整えていたことがよくわかる。

戦いが始まった。身内に見捨てられた病のヘンリー二世は翌年、ル・マンの町に追いつめられ、フィリップ尊厳王とリチャードの軍隊が放った町の戦火からやっとのことで逃れたのである。実の息子から追跡され、追跡者があまりにも近づいたので、ヘンリーの仲間の一人はリチャードの馬を殺さねばならなかった。王の息子に手をかけるわけにはいかなかったのだ。

その直後、アゼ＝ル＝リドに近いバランで最後の会見がもたれたが、病と悲しみで打ちひしがれた不幸なイングランド王は、要求されたすべてをのんだのである。まず大陸にある全封土のゆえにフィリップ尊厳王に臣従の誓いをする。次いで昔要求したオーヴェルニュの宗主権を放棄する。そしてリチャードを王権が所有するすべてのものの継承者として指名したのだった。

この会見の間に諸侯たちは、裏切り者のリストを互いに引き渡す約束がされていた。アゼに帰ったヘンリー二世はこのリストを提示させた。名簿の筆頭に最愛の末息子ジョン失地王の名が載っていた。謀反するとは決して疑っていなかった、ただ一人の名である。この事実は彼に死の一撃をもたらせた。半死のヘンリーはシノンに移送された。彼は礼拝堂の祭壇の前に寝床を運ばせ、二日後に亡くなった（一一八九年七月六日）。なきがらはフォントヴロー修道院に運ばれ、訪ねてきたリチャードは何の感慨も示さず、ただ父の葬式は「有力諸侯にふさわしくあるべし」と命じたのみであった。

以後、戦いの原因はイングランド王の持つ大陸の封土を次々と取り戻そうとするフィリップ尊厳王の願望以外の何ものでもなかった。このときまではフィリップは臣下たるヘンリー二世に反抗するヘンリーの息子たちを支持するために彼らの権利を守る闘士であった。ところがこの同じフィリップ尊厳王がリチャードに戦いを挑んだとき、それは当然野心ゆえである。封臣が聖地に留まっている間に、宗教的、封建的掟に反して、その封臣の領土に手をつける一方で、フィリップは十字軍から早々と立ち戻ったりもした。ここに彼の臆面のなさが現われている。

ところで、リチャードはその比較なき勇気によって聖地で名声を博していた（年代記作者たちの語るところによると「彼はまるで針のささった針刺しのように矢を負って戦闘から戻ってきた」）。リチャードとの戦いが始まったとき、フィリップ尊厳王は敵リチャードの思いがけない死によってやっと救われたのだ。それは一一九九年四月六日、シャリューの城の包囲の際であった。オート＝ヴィエンヌのシャリューでは丘の上に円筒状の美しい天守閣が今もなおそびえている。フォールの塔が立っているが、ロマネスクの礼拝堂跡とともに、リチャード王が包囲した要塞の、唯一つ残っている廃墟である。イギリス人の観光客は、近くのモーモンの岩石の破片をいくつか持ち帰ることを忘れない。リチャードは矢を受けたとき、ここにいたといわれている。

以後フランス西部では、アリエノール王妃が権力を奪回する。彼女のお気に入りだったリチャードは聖地に出発のとき、すでに王国の政治も彼女に託していたのである。そして彼女はその後フォントヴローに引退する。彼女の末息子ジョン失地王はノルマンディーとイングランドの貴族たちから王として選出されたのだが、王位になんら値しない人物であった。物事に熱中するかと思えば、移り気で、怒りっぽくて残忍で、その能力が疑われるような抑うつ症に陥りやすい人物であった。

確かな政治感覚を持つアリエノールは、町の市民たちを味方につけようとした。重要な特権がルーアンとラ・ロシェルの町には既に与えられていた。その後ノルマンディーの大部分の町やバイヨンヌ、ニオール、サント、サン＝ジャン＝ダンジェリーのような市やオレロン島などに拡大されていった。どこでも都市の要塞や町の自衛組織はプランタジネット家に帰属した。フランスの商人たちはイングランドで広大な市場、ことにボルドーのワイン市場を見出すこととなる。ワインの売買がラ・ロシェル、ニオール、サン＝ジャン＝ダンジェリー、そしてもちろんボルドーの町々の繁栄をもたらしたのである。

市民への譲渡というこの政策は持続性のある効果をもたらし、その結果ボルドーのような町が王国に示すこととなる忠誠心は、安定した経済的理由に基づいている。十四世紀初頭、ラ・ジロンドの港からは年間ほぼ八万三千個の酒樽、即ち七十四万七千ヘクトリットルのワインがイギリスの港へ向けて輸出されていたのには驚かされる。現代と比較してみよう。二十世紀中頃のイギリスへのフランスワインの輸出量は九十万ヘクトリットルである。かつ当時の英国の人口は、今日の人口の十分の一を上回ってはいない。中世のイギリスでは今日に比べてほぼ十倍の量のワインを飲んでいたことになる。

イングランドにおいてもアリエノールは多大の影響力を行使した。それは大法官でエリの司教、強腰のギヨーム・ロンシャン、その後はカンタベリーの大司教ユベール・ゴティエを手先に行なわせていたのである。

しかしこの影響力も王妃（《比類なき王妃》と、イギリスの年代記作者は呼んでいる）の死（一二〇四年四月一日）までのことで、その後はジョン失地王にポワティエの貴族たちが起こした反乱を防ぐことはできなかった。このポワトゥーの喧騒を避けるためにアリエノールは主要な貴族間に平和をもたらせようと努力していたのだった。中でもリュジニャン家のユーグが主張するマルシュの伯領への権利を認めてやった。リュジニャン家は聖地で栄光に包まれ、一族の中で二人がエルサレム王国の王座を二代、続けて継承している。今もなおポワトゥーのリュジニャン家の古い村落には城壁や昔の家屋の残骸がいくらか残っており、美しいロマネスクの教会が睥睨《へいげい》している。その近くには同じくリュジニャン家のものである立派な城塞の跡があり、おそらく十六世紀と十七世紀に取り壊されたのであろう。

前述したパルトネおよび、ヴォーヴァンとメルヴァンの城と同様、リュジニャンの城も妖精メリュジーヌによって一夜にして建てられたことになっている。妖精といわれるこの人物はおそらくケルト伝説の名残りであろう。メリュジーヌは時々蛇に姿を変え、それをリュジニャン家は王朝の創始者にしたのである。

マルシュ伯領は大ざっぱにいって現在のクルーズ県およびシャルーやベラックのようないくつかの町から成っていた。

ところでフィリップ尊厳王はこのマルシュ伯領をアングレーム伯オードマールに約束していた。それで封建領主の二つの家系がしばらくは反目し合っていた。その後協定が結ばれた。例のごとく婚姻による和合である。リュジニャン家の若いユーグ・ル・ブランはマルシュ伯となり、アングレーム伯の一人娘にして継承者のイザベルと結婚することとなった。ここでまたもや事実は小説に勝る。ユーグ・ル・ブランの留守中にジョン失地王は十四歳の幼いイザベルを奪い一二〇〇年八月三十日に結婚してしまうのである。

この力ずくの横やりで、不幸に陥れられた恋敵ユーグ・ル・ブランにはジョンは何らかの代償を与えるべきだという慎重論が持ち上がったが、ジョンは何もしなかった。ユーグはほぼ一年間我慢を重ねていたが戦いを挑む。ジョンは仕返しにリュジニャン家の多くの城を没収する。そこでポワティエの臣下たちはフィリップ尊厳王の仲裁を仰ぐこととなる。

フランス王はまず慎重に対応したと思われる。君主の義務としてジョン失地王とその家臣との間の平和を取り戻すため、ジョンは何らかの譲歩をした方がいいと勧めてやった。しかし、ジョンは妥協をすべて拒否したので、フィリップ尊厳王は一二〇二年四月二十八日、パリに正規の法廷を開いた。ジョンは出頭を命じられたが出廷しなかった。イギリスのある年代記作者は語る。「フランス宮廷は会議を召集し、以下の判決を行なう。イングランド王は、王およびその祖先が今日に至るまでフランス王から拝領したすべての領土を没収されるべし。何となれば長きにわたり、彼らはこれらの所領に行なうべきあらゆる義務の遂行を怠り、われらの君主の要請にもほとんど応えようとしなかったからである」

これを口実としてか、フィリップ尊厳王は以後行動が自由となったと判断し、イギリスの人々「プランタジネット家」の手中にあった豊富な資源を持つ地方、即ちノルマンディーから没収に着手したのである。

ジョン失地王が最終的に敗北したのは一二一四年ラ・ロッシュ＝オ＝モワヌ「メーヌ・エ・ロワール県アンジェ近郊」で、フィリップ尊厳王の息子の若きルイによってであり、そこからルイには「獅子王」というあだ名がつくこととなる。

イングランド王の難事はまだ終わらない。この頃イングランドの貴族たちは王に対し、王権の更なる縮小につながる大憲章の署名を強いるのである。彼らはフランスの若きルイに助力を求め、ルイは一二一六年五月二十二日にサンドイッチ港の沖に上陸する。ここでもまた封建社会での騎士道精神の勝利を見ることとなる。ルイ八世がイングランドへの上陸を果たした数か月後、ジョン失地王は都合よく亡くなってしまい、息子のヘンリー三世の治世となった。ところでヘンリーは十歳の子供である。すべての希望が勝者フランスに微笑んだと考えられた。イングランドの王冠はフランス王の手中に落ちてしまうのだろうか？

そうはいかなかった。その人間性の故に嫌悪と謀反を招いていたジョン失地王が亡くなるや、息子はローマ教皇の保護下におかれ、最も不服従だった貴族たちも新王に帰順したのである。フランスのルイはしたがってイングランドから手をひかざるをえず、イングランドでは幼ないヘンリー三世の下、新しい治世が始まった。

だからといって、少しずつ完全な無秩序に陥っていたフランス西部地域に平穏は戻らなかった。いくつかの予期せぬ出来事の後、ルイ八世はラ・ロシェルの町を手中に収め、四男のアルフォンスに親王領地としてポワティエとオーヴェルニュの伯領を与えてやった。こうしてフランス王は大西洋に港を一つ持ち、そしてノルマンディー征服後はアリエノールの元の遺産の大部分を領土に付け加えたのである。

またもやイギリス人とフランス人はその力を競うこととなる。ルイ八世の未亡人、ブランシュ・ド・カスティーユ（かのアリエノールの孫）とその息子のルイ九世〔聖王〕は次々とタイユブールとサントで勝利を果たし、イギリス側に敗北を課した。十五世紀末に作られたサントのサン＝ピエール教会のポルタイユに彫刻されたルイ聖王の彫像はこの地方で王がもたらせた勝利を思い起こさせる。また、町には二つの建物が今なお存続しているが、二つともルイ聖王が目にしたものであろう。一つはサン＝ウトロープ教会でロマネスクの広い内陣があり（身廊は十九世紀初頭に破壊された）、特に地下聖堂がすばらしい。そのプランは上の教会とまったく同様に再建され、サントの初代司教聖ウトロープの墓がある。もう一つはサント＝マリー＝デ＝ダム教会（旧大修道院付属聖堂）で最近宗教儀式が行なわれるようになった。十二世紀のすばらしい四角の鐘楼と彫刻で覆われているファサードはわが国のロマネスク美術の最高傑作の一つに数えられている。

しかしフランス王国とイングランド王の間には相変わらず戦闘状態が続いていた。というのもイングランド王はかつてのプランタジネット家の相続領土への権利を放棄していなかったからである。くすぶり続ける憎しみの感情に終わりを告げ、両王国間に和平を打ち立てたのは平和を愛するフランス王ルイ九世である。一二五九年十二月四日パリにて両国王出席のもと、おそらく歴史上最も驚くべき条約が締結された。フランス王はリモージュ、カオール、ペリグーの司教区の中で、王が手中に収めていたすべてをイングランド王に返還する。加えるにフランス王弟アルフォンスがアジュネ、サントンジュ、シャラントの南に所有していたすべてを、アルフォンスが子なくして亡くなった場合には、イングランド王に返すこととする。一方イングランドのヘンリー三世はフィリップ尊厳王が獲得したノルマンディー、メーヌ、アンジュー、トゥーレーヌ、ポワトゥーを公式に放棄断念する。以後これらの地方は異論なくフランス王領に帰属し、イギリス側はアキテーヌ公領のゆえにフランス王に臣従の誓いを行なったのである。

同時代の人々はルイ九世の過度な寛大さに驚いている。十九世紀の歴史家も、一国の大きさが根本的には征服した領土の広さに基づいていた当時の精神性から判断して、ルイ九世のこの行為にやはり驚き

ブドウの収穫と搾り機への運搬。ブルゴーニュ公爵夫人の時禱書、9月。15世紀、シャンティイ、コンデ美術館蔵。

を示している。歴史家にとってはルイ九世の政策は間違っていたのだ。たしかに当時のジョアンヴィルのような何人かの王の顧問たちの意見でもあった。ジョアンヴィルは語る

「陛下、陛下と陛下の先人たちがイングランド王の敗北により征服した陛下の領土の大部分をイングランド王に与えたいという陛下の意見を前に、われわれは非常に驚嘆しております。もし陛下がこれらの領土への権利を持たぬと判断されるのなら、それをイングランド王に返されるだけではだめです。それなら陛下と陛下の先人たちがなされた征服地のすべてをお返しなさい。もしも陛下がそれらの領土への権利があると判断されるのなら陛下がイングランド王に返したものは陛下が失われたこととなります」

これに対し、聖王は以下のように答えた。「各々がた、イングランド王の先人たちは余が獲得した征服地を失って当然と思っているだろう。余が王にやった土地は、余が王もしくは王の先人たちに対して権利があるものを差し出したのではない。余の子供たちと、いとこである彼の子供たちの間に愛を確立するために与えたのだ。余が与えることにより、余はイングランド王を裁量できると思う。というのもこれまでは彼は余が臣下ではなかったが、今後は臣下となったのだから」

聖王の寛大ぶりが世紀初頭から続いていた両国間の緊張に終わりを告げたのは確かである。結果として半世紀間の全面的平和が訪れたのである。平和はフィリップ四世美王〔ルイ九世の孫〕の征服政策により壊れるまで続いた。その政策によって一世紀の間、戦争、不幸、混乱が続くこととなる。

惨憺たる百年戦争によって特徴づけられるこの世紀の間、イングランド領であるギュイエンヌはそのままの状態を保ち、大いに繁栄した。イギリスとのワインの交易で重要な地位を占めていたボルドーは真の首都となり、アリエノールの死後ヘンリー三世は計算ぬきで免税と自由を与えていたので、ボルドーは一種の独立した共和国の観を呈していた。シモン・ド・モンフォールのような人物（次の章で述べるアルビジョワ十字軍を南仏に対して率いたモンフォールの三男、一二四八年にガスコーニュでイングランド王の将軍に任じられた）でさえ、自分の権威をボルドーで獲得するのは難しかったほどである。ラ・レオル、バイヨンヌ、ダクス、サン＝テミリオン、ブライユのような小村も有力市民の手中にあり、独立を謳歌していた。彼らはボルドーでは、ボルドーの市民貴族と呼ばれていた。

ボルドーはエドワード三世〔ジョン失地王から数えて五代目〕の息子で名声高き黒太子のお気に入りの滞在地の一つとなる。ここで生まれたのが黒太子の息子のリチャード二世で、ボルドーのリチャード、またはガスコーニュの王と呼ばれていた。英仏間の敵対行為の間もずっと、ボルドーはイングランド王に忠誠を誓い、一方近郊のアルマニャック伯領に、オルレアン家やフランス王家からてこ入れがきていた。ボルドー市長は一時期イングランド王の代表者となっていたほどである。

サントンジュではモンタンドルの物語に出てくるような馬上槍試合が行なわれた。シャラント地方のこの小さな町で——そこには十二世紀の城の残骸がそびえているのだが——一四〇二年五月十九日、王〔シャルル六世〕の弟のオルレアン公ルイがイギリス王〔ランカスター家のヘンリー四世〕を招き、七人のフランス側騎士と戦う七人のイギリス側のチャンピオンを指名する試合が行なわれた。フランス側の騎士はすべてアルノー・ギレム・ド・バルバザンの指揮によるオルレアン家の者たちである。年代記

作者や当時の詩人たちはアルノーを非の打ち所のない騎士として

しろがねの心騎士道の花

とうたっている。

騎士たちは真剣に戦わねばならない。槍よし、斧よし、剣よし、あらゆる武器が許されている。敗北者はダイアモンド一箇で自分の命を贖える。騎士たちは白装束である。仲間の一人アルシャンボーがイギリス組の長、ロバート・スケイルズを試合で殺した。この壮挙を人々は競ってバラードに歌った。そもそも試合は何の実際的有用性のないものだが、中世末期の精神性によく対応している。騎士道の精神は馬上槍試合によく似合っていたのである。

翌年になると、ボルドーの前面で一大軍事行動が起こる。オルレアン公ルイがブライユを攻めた。アルマニャック伯は町を封鎖し、六十ばかりの要塞を征服した（ロー川の合流点のポール＝サント＝マリーとエギヨン、トナンスとマルマンドの間のショーモン、そしてランゴン）。しかし、攻撃は失敗、ボルドーはイギリス王朝に忠実な町として留まることとなる。

実際、ボルドーは百年戦争末期にパリ、カーン、ルーアンについで最後に奪還された町となる。英仏戦争の最後をかざるエピソードが繰り広げられたのはボルドーに近いカスティヨンにおいてであり、これは今日、カスティヨン＝ラ＝バタイユ〔ラ・バタイユは戦闘の意〕と呼ばれて、〔フランスの〕勝利を誇ることとなる。

かつてジャンヌ・ダルクが捕虜としたかの名高きトールボットはボルドーに上陸する。ボルドーはすでにフランス軍に奪回されており、デュノワ〔オルレアン公ルイの私生児〕はバイヨンヌまでの全海岸線の町々を占領していたのだ。この八十一歳の老兵トールボットは一四五三年七月十七日、カスティヨンの戦場で殺されるのである。シャルル七世はその後タイユブールの広場（この地でシャルルの先祖、聖ルイ王は英国王に勝利を博したのだが）で、フランス領となった南仏の運命を決定する勅令を公布することとなるのである。ボルドーに残ったイギリス人たちには町の明け渡しをすることしか残っておらず、それは一四五三年十月十九日に行なわれた。彼らはコルドゥーアンのノートル＝ダムの塔の前を通って去らねばならなかった。そこには今日、この名を持つ灯台が立っているが、それはかつて黒太子がジロンド川の入口を保護するために建てさせたものである。

この章の結論としてもう一度ポワティエを登場させねばならない。サン＝ティレール教会である。シャルル七世はここに戦勝への感謝の巡礼を行ない、サン＝ティレールとサント＝ラドゴンド教会にも多くの贈り物をほどこした。彼が奇跡的に王座を奪回した百年戦争を勝利で終結できたことへの感謝と、彼が「ブールジュのしがない王」でしかなかったときも彼に忠実に仕えていた気高い町ポワティエへの感謝をこうして表現したのであった。

7 ラングドックと都市の発展

南仏のラングドック（ローヌ川の西からドルドーニュ川までの地中海沿岸に広がるラングドックは封建時代には、ほぼトゥールーズ伯領であったが、その範囲は時代によって変化し、ある時期にはアジャンとアジュネ地方とともにアルマニャック地方さえも含んでいた）を旅してみると、城塞の城壁ではなく、町全体を囲んでいる城郭によく出会うものである。

ドルドーニュ川の谷にそっていくと、ベルジュラックとスイヤックの間の地方には行く先々で、そそり立つ城（それはフランスの封建生活の全体像を最も見事に示しているものの一つである）が突然に姿を現わしてくる。たとえばラ・ファージュ、ラロック、ベイナック、カステルノー＝ド＝パリュエルまたはモンフォール、フェヌロンの城（十五世紀にはすでに存在していたが、その名が知られるようになったのは十七世紀である）はいうにおよばず、これらの驚くべき要塞の城壁とラランドやドムの城郭とを見分けるのは難しいであろう。ドムに近づくと、――デルボ門（十三～十四世紀に造られた。傍らにセナック街道を見下ろす小さな見張り小屋がある）の近くで入るにせよ、ヴィトラック街道の北を行ってトゥール門から入るにしろ——そこは要塞である。

これらの門を通ると驚かされる。城壁の内側に広がっているのは、まさに中世の町並みそのものなのだ。そこでは石の柱が骨組みを支えている市場や、大通りの古い家や銃眼のある塔がそびえ立つ十四世紀の市役所が目に入る。

このようないくつかの小さな都市の全体像は——人口が増えてくるに従って、度々拡大されたり変化したりしているが——中世における町とはどんなものであったかを、大きな町よりもよほどよくわれわれに示してくれる。たとえばルシヨン地方のカステルノー、ジェール県のラレサングル、アヴェロンのクヴェルトワラード、または前述した小さな町ラランドやマルテルがその例である。マルテルには十三世紀の城壁の残骸の一部と四角の塔が残っており、町の中には広い市場や十五世紀の家がたくさんあり、教会がそびえ立っている。教会の全体像は十五世紀に建てられたが、ポルタイユは十二世紀のもので、そのタンパンの彫刻が美しい。

これらの城壁、塔、銃眼等は中世の町の驚くべき歴史を思い起こさせてくれるのである。というのもこれらの町のほとんどは、十一、十二、十三世紀といった繁栄の時代に生まれた新しい町だからである。当時のわが国土は町がいっぱいで、その様子は十九世紀にアメリカの町が雨後の竹の子のように出現した様子を思わせるものがあった。新しい町の発展の原因は何であろうか？　歴史家たちの説明の仕方はそれぞれ異なるが、それは略奪（北方からはノルマン人、南からはサラセン人）の時代が終わり、治安が戻り、一方人口が著しく増加したことによると一般的に理解されている。そして多くの新しい土地が開拓され始めた。この頃から、これもまた新しいことだが、ブルジョワという言葉が生まれる。町《ブルグ》の住民という意味である。もともと町《ブルグ》とは前述してきたような要塞化された町であり、南仏ではプロヴァンス方言で要塞都市《バスティッド》といわれていた。ブルジョワの存在は、封建時代には城だけではなく、町も重要な生活の場であることを示している。領主の領地に住んでいる人々の他に、十世紀以降はブルジョワが生まれた。彼らは領主への依存を好まず、自分たちで自身の生活を守ろうとする人々であり、彼らが取って代わることとなる。彼ら、町の住民は防備を施された城壁の内側で安心して住んでいられるのである。そこでは商取引の商品が集まり（町の再生は商取引の再生と時を同じくし、それに依存している）、職人は自分が住む所で仕事をするようになる。というのも商品は一国から他国へと流通するので、田舎でもその場で生産することはやめた。衣服も靴も道具も町で簡単に手に入るようになったのだ。

これらの新しい町は、どのようにして建設されたのだろうか？　資料によればさまざまな例、色々の具体的事例が残っている。たとえばブルボネ地方〔フランス中部〕に住みサン＝ドニ修道院に帰属している修道士たちは、一〇七三年に新しい町ラ・シャペル＝オードをつくった。つまり彼らはその土地に住んで仕事や商売を行ないたい人々に土地を譲り、さまざまな特権を与えたのだ。特権には多くの場合、身分の自由が含まれている。したがって町には農奴はいない。ときには住民たちは町を好きなように統治するという完全な自由を手にしていたのである。

自由都市の最後の一例は、十三世紀半ばエグ＝モルトの建設である。

一二四六年聖王ルイはエグ＝モルトに居を定めようとする人々に《都市特権特許状》を公布したのである。住民は人頭税も、商品を運び入れるための通行税も免除された。いかなる軍事的義務からも免れ、財産は王権のもとで保護された。そのため王は塔を設置し、司令官一人と二十五人の兵士の小守備隊を、町の城門の警備にあたらせた。最後に王は、住民が指名した行政官によって住民自らが町を統治するという約束までしたのである。週に一度の市《いち》と年に一度の大市も開かれ、その期間、商人たちは王の保護下で商売ができるようになる。

これらの措置は好結果を招き、早々と多くの人々がエグ＝モルトに定住するようになる。大部分はラングドックの平野からやって来た。一部の人々はアグドやサント＝マリー＝ド＝ラ＝メールやモンペリエといった近郊から、またある者はフランス王国ではないジェノヴァやカタロニア地方等から移住してきた。このエグ＝モルトについては第十一章で再びとりあげる。

これらの新しい町は住民に社会的身分を与えたさまざまな免除特許状によって、それを欲する者にはすべて、領主の保護下から逃れ、ときには農奴の身分からも逃れられる許可を与えたのである。即ち一年と一日の間、一つの町に住んだ農奴は領主から訴えられることはない。こうして農事に携わりたくない人々は商業とか工業とか他の職業につくことが保証された。

このように新しい町が生まれる一方、古くからある町もまた領主の支配から解放され、地域により様々な形式の自由を要求し獲得していた。その典型的な例はモンペリエの場合である。大商人である町の住民たちは一一四一年にはすでに自由都市特許状を得ていたし、マルセイユでも十三世紀初頭には、町の旧領主であった諸侯から彼らが勝手に商売できるための港の諸権利を買い取っていた。

まれな場合ではあるが、特に北方の町では土地の領主から町の解放を力で奪い取らねばならなかったこともある。ランやサン＝リキエやル・マン等の町では血なまぐさい暴動が起こっている。結果として、フランスには町の数だけ、もしくはほぼそれに近い政体があったのだ。ある町では、住民は単に租税の免除または市《いち》で売る商品のための入市税と税金の免除だけを獲得し、他の町では、一般的に代官または判官と呼ばれる、領主の代理人が裁判や警備の管理を行なっていたり、町自体が完全に行政を行なっていて、住民は互いに市民同士間の誓約を交わす義務を負っていた。つまり臣下が主君に忠誠を誓ったと同様、互いの忠誠を誓い合うのである。そして彼らは自分たちで市長を選び、その呼び名は所によって異なる。判事《エシュヴァン》、市参事会員《コンシュル》、または市役人《ジュラ》もしくはトゥールーズでは町役人《カピトゥール》と呼ばれていた。

町をつくるときはまず町の真ん中に杭《ポール》を建てることから始まる。ポーという町の名は、このポールから出ている。ここから設計が始まったのだ。または杭の代わりに簡単な石《ピエール》を建てる場合もあり、ピエール・シーズとかピエール＝アシズとかいう町の名の起源である。

ときに町のプランは長方形でなく丸い場合もあり、ブラムの町はその典型である。風の強い地方では、円形プランはまっすぐな道の中に風が吹き込むのを避けることができる。

これらの町の主要な建築物をみると、住民たちの懸念事がよくわかる。公共の広場には市場や議論の場としての存在理由があるのだ。当時は、町は大かれ少なかれ住民たちが議論を重ねて統治していたのであるから。

そこにはもちろん教会がある。キリスト教が深く根づいている社会では、教会なしではすまされない。少し後になると市役所ができる。市の行政官の選出のための会合に、教会が使われるのはまれではなかった。南仏では簡単な石のベンチさえあればそこで裁判を開くことも可能であった。また市場（北部では屋根付き）に集まることもあった。ル・ロット地方のマルテルの市場のことはすでに述べたが、ジェール県のバスーや、ドルドーニュ地方のベルヴェの小村にも市場が残っている。ラ・レオルの小さな町には十二世紀に建てられた非常に特徴的な市役所があり、一階が町の市場を形づくっている。北方では市役所は堂々とした建物が多く、高い塔がそびえていた。中でも名高いのがアラスの塔だが一九一四年の大戦後に再建された。六十四メートル以上あるドゥエの塔は部分的には十四、十五世紀のものを残している。北方の町については第九章で述べることとする。

町は商業から生まれたのだから、町の入口には特に配慮がなされていて、ラングドック地方ではいくつかの美しい橋を目にすることができる。最も有名なのは当然カオールのヴァラントレ橋である。防備が施された三つの塔は十四世紀にさかのぼる。この橋（というよりもむしろこの橋の前身）の姿はカオール市の印形に示されている。町の個性を明示するために、各々の町は単に紋章を持つだけで満足せず、印形をつくったのである。これは市当局が保管し、市の役人が介入するすべての証書の署名の役を果たしていた。

モントーバンの町にもタルン川〔ガロンヌ川の支流〕に架かる古い橋（一三〇三年から一三一六年の間にレンガで建てられた）が残っている。透かし彫りを施した橋柱に七つの大アーチが架かっていて、その長さは二〇三メートルもあり、すばらしい芸術作品である。かつては防備が施されていた。橋は防御を施すべき進入地点であったし、そこには家々がたてこんでいて町の延長でもあったからである。

家はどのようになっていたのだろう。南仏では石やレンガで建てられた古い家をいまだに目にすることができる。サン＝ジルでは十二世紀のロマネスク様式の家が、修復のためかなり原型がそこなわれてはいるものの観光客を感嘆させている。ペリグーやサン＝タントナンでも同時代の家が人目をひいている。十三世紀以降に建てられた家はかなり残っており、多くはその土地の資材を使って建てられていた。

そして所々に石や荒壁土やその他様々な資材を多く使った木の骨組みが見られる。これらの見かけが木の壁の骨組みの家は二階に張り出している。場所を広くとるためである。このような家はオード県〔県庁所在地はカルカソンヌ〕のアレやアルプ=マリティーム県〔県庁所在地はニース〕のペイユやウール=エ=ロワール県〔県庁所在地はシャルトル〕のボンヌヴァル、その他ヴェルヌイエやルーアンやリジューなどのようなノルマンディー地方の多くの町で見ることができる。シャルーでは全部完全に木製の家が残っていることを述べておこう。

彫刻が施された標識板があるのは薬剤師の店である。門の上で揺れている鉄の看板には〔薬剤用の〕乳鉢が描かれている（当時はすべての家には看板がかかっていた。現在のように番地ではなく看板が家の表示であった）。入口を入った一階は店である。棚の上には膏薬の壺やシロップの小瓶が並び、暖炉の近くのテーブルには草が広げられて乾燥している。すみには一人の見習いが乳鉢で砕いて調合を行なっている。長い紫色の服に赤手袋の医者が患者のためにそれをとりに来ることになっている。薬剤師は練薬の成分に入れる貴重なスパイスをテラコッタの壺の中に注意深く並べている。砂糖もその一つである。近東からほんの少量しか運ばれてこなかったのである。その代わり一時的にはハチミツが《甘味》を補っていた。商人たちが金をかけて運んで来たもっと稀少なスパイスもある。ジャコウ、樟脳、またはシナモンとかミロバランとかいう奇妙な名のものである。それに加えて使い道の多い種々の薬草――キンミズヒキ、ヨモギ、オトギリソウ、アキギリ――その他無数の草が中世の薬局方のベースとなっていたのである。

一階は店と調剤室で、中世ではどこでもこうであった。洋服屋にしろ、建具屋にしろ、金銀細工師あるいは毛皮服屋にしろ店と仕事場はいっしょであった。二階は台所、食堂、主人夫婦の寝室がある大きな家族部屋で、子供たちと見習い人は屋根裏部屋である。

家具は簡単なもので、まず藁布団つきの大きなベッドが一台、余裕があれば上がけの羽根布団。敷布とウール（たまに毛織）のベッドカバーがついている。壁に沿って衣装箱が並んでいるが、これは服や下着類を入れる整理ダンスでもあるし、椅子としても使える。食卓はない。あるのは簡単な木の板で食事の際に架台の上に組み立てるのである。「食卓の用意をする」という表現はここからきている。大きい暖炉の横にある排水管の水は外の通りの川に流れるようになっている。壁棚の上には台所用品の小鉢、ゴブレット〔脚や取っ手のないコップ〕、壺や鍋、グリルやフライパン等様々な器具・道具に加えて、泉に水を汲みに行くための水差しも並んでいる。洗濯や浴用の桶もある。トゲにささらないための「風呂の床」と呼ばれる厚い一片の覆いが各家庭ごとに棚の奥にしまってあった。もっとも公衆浴場（すべての都市に存在していた）の方が好まれていたようだ。フィリップ尊厳王時代〔一一八〇―一二二三〕のパリには二十六軒以上の公衆浴場があった。細部の説明を加えれば、屋根裏のすみにある厠を忘れてはならない。それは中庭につくられた穴に流れ込み穴の上には時折り灰や藁が投げられていた。

薬剤師の仕事は十一世紀を通して盛んであった商品の流通に依存していた。東方への道を開いた十字軍が次の世紀には、この商品流通への大きな推進力になっていく。そして大交易が始まる。西洋の産物（中でも重要なのは毛織物）と東洋の産物（特にスパイス）との交易である。

当時のスパイスの重要性は今日のわれわれには計り知れないものがある。もちろん肉料理の際の調味に使うのだが、もともと肉という語は語源上は「生かすもの」の意で、それが食肉を表わす語となったのである。と同時にかつてはわが国にカラシひきの水車がたくさんあったのには驚かされる。食事を引き立たせるもの、コショウ、ショウガ、シナモン、ナツメグは最も好まれる商品であった。コショウは中世では貴重な食料品とみなされていたので、地代をコショウで払った例も見られる。つまりコショウは貨幣の一種という特性を備えていた。少ない容量の大きな価値である。

コショウについて述べたので、中世の台所を一瞥してみよう。

われらの先祖、中世人は陽の昇る少し前に起き、最初の食事を夏は六時頃、冬はもう少し遅くとる。九時頃になるとおやつを食べる。昼に食事をし、夕方六時頃は夜食の時刻である。

普通の献立はスープがベースである。つまりポタージュの中にパンを浸して食す。田舎では豚肉入りやキャベツスープ等がある。まだジャガイモはなかったがエンドウ豆とソラ豆はスープに入れたり、ピューレにしたりして食べるか、または今日の新鮮なグリンピースのように調理した。

スープとともに肉が料理のベースである。現在のような食肉、つまり豚、家禽《かきん》が多く、大抵は串焼きにしていた。家禽《かきん》の中では白鳥と農地に多いクジャクが食卓をにぎわせた。逆に兎は現在よりずっと少なかった。多いのは猟獣で、猪、鹿、野兎等、またアオサギ、ヤマシギ、バン〔鷭、水辺に住む中形の鳥、クイナ科〕、ウズラ、ツグミ、それから主にウグイス科の数種の鳥〔南仏で珍重され、くちばしが細長い〕も多かった。

教会が定めた小斎の日が多いので魚を食べることも多かった。城や修道院はすべて養魚池を持っていたのである。海魚の中ではニシンの消費量が多く、生や塩漬け、干物や燻製にして食べていた。クジラも食している。ガスコーニュ地方の入り江では大量に取れていたのである。

壺やびんを並べた薬局。引き出しには干した薬草がつまっている。この絵は象徴的な図像を示している。ここではキリストが、アダムとイヴに代表される人類を癒しに来ている。15世紀。パリ、国立図書館蔵。

中世のメニューとしてはドーフィネ風グラタンとニンニク風味の若鶏が知られている。またプロヴァンスのブイヤベースも典型的な中世料理ではあるまいか。

兎・野鳥の赤ワイン煮込み、詰め物料理、ソース等には、小麦粉や卵を使わず、浸してからこしたパンまたは削ったパン粉をつなぎとして使った。ブドウ果汁のきいた、またはワインをベースにした（たとえばブルゴーニュ地方の若鶏の赤ワイン煮込み）ソースもまた中世のメニューである。うなぎのマトロット〔赤ワイン煮〕もまた然り。

当時はパテとタルトが好まれた。ある種のパテは相当量が宴会で使われていた。フォアグラや脂漬けは古代ケルト社会の昔から調理されてきた。すべての肉は、オオヤマネもそうだが脂漬けにされていた。南仏のガルビュール〔ベアルン地方の白インゲン豆スープ〕も中世から伝わっている。一方ペリゴールのトリュフは十四世紀半ばに現われたにすぎない。しかし他のきのこ類は古代から調理に使われていた。

調味料および香辛料としてはウイキョウ、クミン、サフランが、南仏のタイム、ローズマリー、キダチハッカ、ハナハッカといった香草とともに非常によく使われていた。

ほとんどすべてのニンニク入りソースの元は中世までさかのぼる。当時は出来上がったソースを道端で売っていた。

南フランスのニンニクとバジル入り野菜スープも典型的な中世料理である。

デザートは果物、ことにリンゴ、梨、ナナカマドの実とビワを食べていた。ビワは現在よりよほど人口に膾炙《かいしゃ》していた。その他セイヨウカリンのゼリーやあらゆる種類のジャムが愛用されていた。

ガレットやブリオッシュは家庭で作っていた。ブルターニュのガレットとクレープは中世からのものである。タルトもあらゆる種類があった。フルーツ入り、クリーム入り、チーズ入り等々。ベニエ、ゴーフル、ウーブリ〔円錐形のゴーフル〕やパン＝デピス〔ライ麦、ハチミツ等で作るアニス入りケーキ〕も作っていた。ウイキョウまたはクミン入りポンプ〔プロヴァンス地方でクリスマスイヴに食べる菓子パン〕、マカロン〔アーモンド、卵白、砂糖入りクッキー〕、レジネ〔ヨウナシやセイヨウカリン、ブドウ汁で作るマーマレード〕は中世の菓子である。食事は大抵ドラジェ〔アーモンド、ピスタチオの実を糖衣で包んだボンボン〕を口にして終わりであった。

復活祭の際の卵ベースのレシピも中世にさかのぼる。モンモリヨンのパテ・ド・パック、そしてポワトゥー地方の豚肉とゆで卵の肉をベースにしたパテがある。ヴァランスやロマンの有名なブリオッシュ・クローヌ〔王冠形〕もある。ブリオッシュの中には四十個の卵が入っているのだが、これは四十日間の四旬節を意味している。

中世では出来合いの料理がよく売られていたことを述べておこう。食肉製品屋《シャルキュティエ》という語は焼いた肉《シエール・キュイット》、または調理した肉の商人ということである。サンドイッチを食する慣習もこの頃から始まった。事実、肉はパンの上において食べていた。カナッペの上に猟肉を置くのはこの名残りである。つまりパンは皿の役目をしていたのだ。

中世の美食法とはどんなものだったのだろうか？　料理に関する一冊の本が答えてくれる。

大変若い女性と結婚したパリの一市民が、主婦が知っておくべき事柄の概要を妻のために書こうと考えた。そして妻にやさしく、こう言ったのだ。「私のあとでお前と結婚するだろう男は私に感謝するだろうよ」。われわれも同じことを考える。というのも本著『パリの一執事』のお陰で、当時の主婦の関心事が詳細にわたってわかるからである。ことに料理の章では著者は生まれのよいあらゆるフランス人の特徴である食への喜びでうんちくを傾けている。彼が述べる料理法を読むと、なぜ香辛料の交易が中世においてかくも活発であったかがわかる。こうして香辛料《エピス》が食料品屋《エピシエ》の名に残るまでになったのである。

著者はメニューも記している。豪華なディナーの一例は、三十一種の品数を含む六コースである。

一番目の料理――グルナッシュのワインとトースト、子牛のパテ、小うなぎのパテ、ブーダン〔豚の血と脂身で作る腸詰め〕とソーセージ、以上がオードヴル

二番目の料理――野兎の赤ワイン煮込み、エンドウ豆

三番目の料理――兎とヤマウズラと去勢鶏の蒸し焼き、スズキ、コイ等の燻魚。

四番目の料理――川鳥、米、うなぎ

五番目の料理――ヒバリのパテ、リゾール〔肉・魚のみじん切りをパイ皮で包んだ揚物〕、甘いカスタードプリン

六番目の料理――ナシとドラジェ〔シュガーアーモンド〕、ビワと皮をむいたクルミ、香料入り甘ワインとウーブリ〔円錐形のゴーフル〕

夕刻のスープの時間は大体四コースである。四旬節の食事は二コースだけで、その中に「プロヴァンスのイチジクの実」が入っている。今日でもイタリアではオードヴルとしてこれを食している。

トゥールーズのような町は商人の自治都市としての典型である。十二世紀初頭から「トゥールーズ市参事会」と呼ばれる議会を町の名士たちが形成して統治していた。一種の権力の分担が行なわれていたのである。トゥールーズ伯は町に代官をおいており、それは伝統的に町の行政官の長であった。代官は参事会員の中から選ばれた。一方、町の一部は相変わらず司教の町として残っていた。つまり町は二つの部分に分かれていて、昔からの町は司教の住む町、もう一方は市民、すなわち商人たちの住む町で、十二人の代表者が選出されていた。彼らは評議会に出席し、トゥールーズの場合には一二八名が評議会を構成していた。

町の行政を司る彼ら代表者の選出方法は所により異なる。マルセイユでは毎年サン＝シモンとサン＝ユダの日（十月二十八日）にマジョール教会の鐘の音とともに前市議会役人が当教会に集まる。彼らは評議員、「出納官《クラヴエール》」または財務官である。トゥールーズでは「コミュニエ」と呼ばれ、各職業の頭の代表者たち即ち労働者の代表であった。彼らの選出日はサン＝ジャンの日（六月二十四日）である。町の六区画の各々から二人の代表者が選ばれた。これら十二人の代表が七十一人の評議員を選び、この合計八十三人が、今度は七人の委員、四人の各業種代表、三人の新参事会員を選んで、次にこの十四人が市役人を決める。市役人は二人の「特別委員」（共同体の利益を代表し、かつ守る役目を持つ）と三人の「クラヴェール」を任命する。

彼ら市役人は一年に二十リーヴルの給与を得ていた。彼らの中から現在の市長に相当する一人が選ばれていた。

こうして町の統治は多かれ少なかれ民主的に行なわれていたのだが、実際は、ことに商人の町トゥールーズがその例なのだが、裕福な家が市の役職につくようになっていった。市役人の権限は裁判権の行使をも含んでいたので、それは重大事である。多くの町で、トゥールーズもそうであるが、二つの法廷が同時に機能していた。役人が司る法廷と商人たちによる法廷である。王命により前者がなくなり裁判の行使が市民にまかされるようになったのは十三世紀末（一二八三年）でしかない。

トゥールーズではナルボネ城（現在の裁判所がある場所）と美しいサン＝セルナン・バジリカ聖堂（わが国の最も重要なロマネスク様式の巡礼教会の一つ）が誇りであった。両者ともに町の印章に姿をとどめている。もう一つ、印章に留められて然るべきだったものに、川の上に建てられていたすばらしい芸術作品がある（現在のバザクル通りはその名残り）。住民が必要とする小麦粉の供給のため、町のほとりのガロンヌ川には六十ばかりの水車が浮かんでいたのだ。人々はそれを帆船の水車と呼んでいた。まるでボートの上につくった水車のようであった。十二世紀には商人たちは河川の動力を系統立てて使って、すばらしい建造物を完成することとなる。川上に浮いていた水車は二つの土手（バザクル土手とシャトー土手、両者ともにガロンヌ川を斜めに遮断している）に固定して建てられた四十三の水車に取って代わられた。バザクル土手は長さ約半キロメートルで水面より二メートル高い。したがってかなりの動力を生産できる。ガロンヌ川の深さは真ん中の川床で五〜六メートルに達するし、川の流れは速く、猛烈な増水（一八七五年、ガロンヌ川の増水による犠牲者は三百人であった）があるのを考えれば、これは相当の回転力であった。十八世紀（一七九〇年）のことのほか厳しい冬に、このバザクル土手が決壊したときには水車の再建に十年以上の工事を必要とし、その費用に市は二十万リーヴルをかけたのである。さらに注意すべきは、これらの水車は十二世紀に自営農たちが設置したもので、彼らは各自の分け前をもらい、彼らが手にしている著しい権利の謝礼として領主に上納金を納めていたのである。十三世紀にローマ法が復活して自営農民の地位が向上し、彼らは水車からの収入の分け前を取るようになると最初の株式会社が現われる。とはいっても現代の株式会社と異なり、真の意味での企業形態ではなく、少なくとも十五世紀までは個人とその家族の食料品の供給規約にすぎなかったのだが。

商人たちの活躍はどこでも同じ広がりをもっていたわけではない。しかし中世にはあらゆる町で施療院、癩病院といった慈善事業の設立が行なわれていた。慈善は中世の特徴なのである。ウー〔ブレル河口に近い町〕のような人口一万人以下の小さな町にも二つの病院と癩病院が一つあった。オーリヤック〔カンタル山麓の町〕には病院三軒と一軒の救済院があった。

トゥールーズはガロンヌ川の地理的状況から巡礼の宿泊地・休憩所であり、また聖ユダや他の多数の伝道者・殉教者の聖遺物がローマの次に多い町であったので、商人たちは巡礼の来訪で利権を得、両替商も多かった。南仏のもう一つの巡礼地サン＝ジル＝デュ＝ガールでは年に三日間の巡礼で一三五の両替商が修道院内の内庭回廊や聖堂騎士団の食堂に集まり、推定してみると五万人の巡礼者の役に立っていたのであるから中世の彼ら銀行家の重要性が理解できる。他方、地中海沿岸の港、とくにモンペリエやナルボンヌ、次いでエグ＝モルト、トゥールーズには東方からの貴重な商品（とくに既に述べた香辛料）が多量に流入してきた。これらの輸入品の中には町の富の一部をなしていた植物の栽培に関わるものもある。それはパステル〔大青《タイセイ》〕の栽培で、織物（第九章を参照）や〔写本の〕彩色装飾に必要な藍色の原料である。その上、ラングドック地方の豊かな麦畑、今日ブドウが植えられている丘の斜面を覆っていたオリーブ、もしくはブドウ畑そのもの、これらのおかげでトゥールーズ地方はフランスの中でも最も繁栄した領地の一つとなっていたのである。

しかし商人たちは東方への旅から「食料品」だけを持ち込んだのではない。十二世紀後半、トゥールーズの社会にある種の不安が蔓延する。気がかりな教義が市中をかけめぐり、とくにあいまいな呼び名で「ロンバルディア人（出身地に関係なく）」といわれていた人々の間に広まっていた。金融を業としていた人々である。以後長い間、この呼び名は異端者を示すこととなる。

この異説は、かつて聖アウグスティヌス〔三四五―四三〇〕がキリスト教に改宗する前に信奉していた古代のマニ教に影響を受け、その昔ペルシアの宗教であった善悪二元論の原則を根拠としている。目に見えぬ、光の精神世界の創造主である善の神と、物質、肉体、悪の創造主、悪の神の存在を説く。したがって肉体的・物質的なものすべては当然悪である。異端者自らが「カタリ派」（ギリシア語で、けがれない・純粋の意）と呼ぶこの教義は今日ではよく知られている。人類を繁殖させうるすべてのものを抑止すること、恩寵の状態にあることを知った者に、彼らのいう「エンドゥーラ」、生と食事等の拒否という自殺形態によって自然死を推進しさえする。結婚は禁止、堕胎は推奨される。臣従の誓いは罰せられる。異端者は二階級に分けられる。「完全戒律遵法者《パルフェ》」は教義に厳格に従い、性的関係を一切自制する。もう一方は、この完璧さを難しすぎると思う人々で、死の際「コンソラメントゥム〔寛容の意〕」即ち一人のパルフェから赦免を与えてもらって生前の罪の全面免除を得ることでよしとする人々である。その間、信者のなすべきことは何もない。したがって文字通り無秩序な生活をするかパルフェだけが行なえる最も厳格な人生を送るかである。

説教師は金貸しに対してカタリ派教義の採択を非難した。理由は簡単である。当時はキリスト教会の教義に従えば金を貸すのは無償であるべきだったからである。利子を受け取る者（それが金貸しの本業なのだが）は受け取った利子を返却しない限り告解の際の赦免はなかった。ところでカタリ派は告解も他の秘跡も認めていない。したがってカタリ派の高利貸しにとって赦免は問題にならなかった。

一一七七年以降、トゥールーズ伯レイモン五世は、カタリ派教義の拡散を嘆いてシトー会参事会にこう書き送っている。「教義はあちこちに広まっています。夫と妻、息子と父、嫁と姑の間をさいて全家庭内に無秩序をなげかけました。司教たちさえも感化をうけています。教会は無人となり廃墟です。かくの如き災禍を止めるべくできる限りのことをしましたが力あたわずと悟りました。わが領土の最も重要な人々も堕落しています。大衆は大勢に従い信仰心を捨てています。私はあえてこれを抑制もせず、できもしません」

インノケンティウス三世〔一一九八―一二一六〕は反異端十字軍遠征を説いた。これに応じて北方の貴族たちは彼らの仲間の一人のかの名高いシモン・ド・モンフォールの指揮のもとにはせ参じる。二十年にわたって、ときには残虐な戦いが繰り広げられ、北と南の諸侯たちの言語と習慣の極端な違いからくる相互の無理解が表面化した。紛争を終結させたのは一組の結婚である。トゥールーズ伯レイモン七世の一人娘であり、レイモン六世〔彼にこそ戦争勃発の責任があるのだが〕の孫であるジャンヌ・ド・トゥールーズと、フランス王の弟アルフォンスとの結婚（一二二九年）である。以後、北フランスと南フランスはカペ王家の庇護のもと、統一された。

カタリ派の悲劇の最後の場面はモンセギュールである。カルカソンヌの南方の地方にラガルドの城の廃墟が見える。この城はレヴィ＝ミルポワ家の住居であったが、この名自体がフランスの北と南の統一を思い起こさせる。何となればシモン・ド・モンフォールの戦友ギー・ド・レヴィはコンスタンス・ド・フォワと結婚し、近郊のミルポワの小村の領地を手に入れる。その遠方の尖峰にモンセギュール城がある。

今日レヴィ＝ミルポワの子孫の一人が、一二四四年の勇猛な攻囲戦――六か月にわたるアルビ派〔アルビの町が一番カタリ派に肩入れをしていた〕最後の抵抗の歴史を語っている。自殺と生命の消滅を目指すことを容認している異端派の最後を飾る城として、この厳しい地勢はうってつけである。城のあるラセ川の谷上の山稜を越えるには三十分を要する。そこを支配するためにはフランス人部隊は巨大な移動式塔をいくつか建てねばならなかった。その一つ、シャット塔を荷馬で引いて、五百メートルを越えるのに五か月かかった。その先が要塞と同じ高度である。それより先、軍はまずエール川〔ガロンヌ川の支流〕とラセ川の谷間を閉じ、モンフェリエ城（廃墟が現存する）を占領していた。攻囲されている側は、容赦ない塔の前進によって彼らの状況が絶望的になる前に、フォワ伯やトゥールーズ伯からの援軍が来ることを期待していた。女性、子供、負傷者たちを避難させ、彼らは坂道を下ってアリエージュの森と川へとたどりついた。ついに少数の包囲軍は、その地の山男たちの案内を得て、ラセ川の峡谷から東部に登りつく。文字通り奈落の底から上方の切り立った岩山への登頂であった。彼らは塔を奪取し、片や城塞の上には城攻め用大型機械によって空をまたぐ橋がかけられた。これがモンセギュールの終わりであった。カタリ派の司教、ベルトラン・ダン・マール指揮下の二〇五人の騎士たちは火刑にされたらしい。というのも城の下方の畑の中でそのうちの何人かの火刑が証言されている。以上が一二四四年のアルビ戦争の最後だが、これほど華々しい戦いを除けば、十年後のケリビュス城の落城で幕を閉じることとなる。

8　シャンパーニュとロレーヌ、商人と詩人の国

ムーズ川の河岸に二つの軍隊が集合した。右岸はイヴォワに、左岸はムーゾンに。前者は盾に神聖ローマ帝国の黒わしが描かれている。ドイツ皇帝ハインリヒ二世の盾である。キリスト教圏における教皇と同様、皇帝はヨーロッパの政治舞台において当世紀最大の権力者であった。左岸のムーゾンの盾は百合の花。フランス王が多くの従臣を率いて臨んでいる。この年一〇二三年のフランス王は誰だろうか。ロベール。まだ新しく力のない王朝、ユーグ・カペの息子である。彼の領土イル＝ド＝フランスは、第三章で述べたように実質的にはせまい範囲である。何人かの臣下たちの領土がイル＝ド＝フランスのまわりを取り囲んでいて油断がならず、その重圧をはねのけようとロベールは苦しんだ。中でもウード・ド・ブロワ、彼はシャンパーニュ地方の大部分を継承したばかりである。

ムーズ川の両河岸の火花を散らしている両軍隊のまわりに人影がある。状況を見守る付近の農民、町民たちである。二人の君主が向かい合って何が起こるのだろうと息をのんでいる。

二人のうちの一方が他方の宗主権に服従したのだと皆は思った。より弱いフランス人がドイツ人に膝

を屈したにちがいないと。ヨーロッパの君主たちのうちフランス王一人だけがどうしてシャルルマーニュ大帝の子孫に行なうべき臣従の誓いから免れることがあろうか？

われわれは今、歴史の一大サスペンスを前にしている。次の世紀に起こる多くの血なまぐさい戦いよりもずっと重大でずっと重く未来がのしかかっているサスペンスである。

二人の君主は八月六日、次々と到着し、四日間対峙していた。どちらが先に第一歩を踏み出すだろうか？

さて、と年代記作者は語る。四日目の八月十日、皇帝はある賢者の教訓を思い出した。「より身分が高いほど、よりすべてに謙虚であるべし」。川を渡ったのは皇帝だ。ほんの数人の貴族を伴って、フランス王に表敬訪問をする。翌日フランス王は返礼を行なうこととなる。

以後フランスとドイツの間には完全に独立した友好関係が生まれることとなった。この直後、ハインリヒ二世は亡くなり、数年後列聖された。彼は正義への願い、深い謙虚さを備え、わが国で言えば後代の聖王ルイのような偉大な人物がその例である。

今日ムーゾンの参事会教会がそびえている所は当時、重要な場所であって、ランスとトレーヴ（ローマ時代の首都）をつなぐローマ街道——非常に重要な戦略上の街道——があった。メロヴィング王朝の頃より、ここに修道院が立てられており、カロリング王朝のもとでその威光が増した。殉教者聖ヴィクトールの聖遺物が巡礼者を引き寄せたのだ。一二一二年の火事で修道院と古いロマネスクの教会は焼失した。当時の建築様式、即ちゴシックで再建されている。観光客が、気がついていない傑作の中の一つである。十九世紀の修復にもかかわらずアルデンヌ地方の最も美しいゴシック建築で、ランやノートル＝ダム・ド・パリの大聖堂に類似している。

ロベール敬虔王は一〇一七年来フランスの王冠にイタリア王位を加えていたのだが、二人の君主の会見の夜、ロベール自身または長男がイタリアの王冠をハインリヒ二世皇帝の死後、戴けることになった。しかし、ロベールは賢明にもこれを断った。彼はフランス王だけで十分であった。

この戴冠の申し出はロベールの若い王朝——彼は二代目にすぎない——が認知されたという威信に満ちた自信を彼に与えたのだ。それによって東の地方、ことにロレーヌがフランク人とゲルマン人の国の間の紛争の火種にならなくなったことを人々は喜んだ。フランス東部が戦場となるのは十七世紀になってからでリシュリューおよび現在に至るまでの彼の後継者たちのとった政治が原因である。

ところで中世初期のヨーロッパに目を向けてみよう。

ヨーロッパはシャルルマーニュ大帝のもと、全面的に統一されていたが、大帝の死後この広大な帝国は今日のヨーロッパの形態をかたどることとなるヴェルダン条約〔八四三年〕に従い、三人の孫に分割された。ルートヴィヒ〔三子〕はドイツを、シャルル〔次子〕はフランスを、長子のロタールは帝号を保持し、ロレーヌ地方となるロートリンゲンと称せられるドイツとフランス間の中央帯状地帯とイタリアを手にしたのである。

次の世紀の一一二四年、ドイツ王の継承者の一人ハインリヒ五世はシャンパーニュ地方の侵略を計る。フランス王はサン＝ドニの祭壇へ赴き王旗をとり、ハインリヒ五世の軍隊撃退のための援助を臣下たちに呼びかけるだけで十分であった。若いフランス王国の団結は、何人かの臣下は君主に反抗していたとはいえ、侵略を防ぐために王旗の下に列するほどには強くなっていたのである。

ロレーヌ地方もドイツ帝国からの独立の運命をたどっていた。〔フランス王〕フィリップ尊厳王は自ら軍隊を率いてロレーヌを守った。彼の名高いブーヴィヌの勝利はリールから十二キロはなれたサン＝タマン＝レ＝ゾー街道にあるオベリスクが今なおその跡を留めている。さらに面白いことに、フリードリヒ二世の没後、ドイツ帝国が肩書きを失ったとき、それはフランス王に与えられるところであった。しかし無駄であった。カペ王朝の人々を特徴づける賢明さで、王朝直系の彼らは自分たちのつとめは他にあると判断したのだ。しかしロレーヌの独立は監視していた。フランス王シャルル七世〔一四二二―六一〕の義弟の一人（ルネ・ダンジュー）がロレーヌ公領を入手した（一四三一）日より、この地方はフランスの支配下に入り、十八世紀にはフランス領となった。

隣国のシャンパーニュも同様で、ロレーヌと同じ運命をたどる。シャンパーニュ地方は《辺境》即ち国境でフランスとドイツ帝国との間で揺れ動いていた。十二世紀、シャンパーニュ伯と呼ばれるユーグ一世は友人聖ベルナールの活動を支持し、ベルナールはオーブ川のほとりにシトー会修道院を建立する。しかし彼は、この地方の修道院だけに力を注いだのではない。他にもランスのサン＝ルミ、サン＝ニケーズ、トロワのサン＝ルーから始まってモンティエ＝アン＝デル教会に至るまで、その建立を聖ベルナールに負っている。なおこのモンティエ＝アン＝デル教会の身廊は、第二次大戦で崩壊した後再建されたが、十世紀のものである。内陣はシャンパーニュ地方のゴシックのすばらしい一例である。ノジャン＝シュール＝セーヌとトロワの間のパラクレ修道院は城郭の壁だけが残っている。パラクレは一一二七年アベラールがこれをエロイーズに与えた頃がその最盛期であった。

ここで当時の女性の影響力について記さねばならない。中世に実に強かったその影響力は十二、十三世紀には、頂点に達する。ティボー・ド・ブロワの妻アリックスと、シャンパーニュのアンリ一世の妻マリーは、すでに述べたが二人ともアリエノール・ダキテーヌの娘である。母親から文学への趣味を継承し、彼女らとともに文学的生活が華開いたのである。わが国の文学者の中で最も偉大な人物の一人クレティアンは聖職者でありおそらくトロワの教会参事会員であったのだろう。一一六〇年から一一八五年にかけての彼の作家としての経歴はマリー・ド・シャンパーニュとその夫アンリ一世から庇護されて、ランスロやペルスヴァルのような心に残るタイプを産むこととなる騎士道物語の偉大なる創始者である。五編の作品が彼のものとされている。『エレックとエニード』『クリジェス』『イヴァン、または獅子の騎士』『ランスロ、または車上の騎士』そして特に名高い『ペルスヴァル、または聖杯物語』。文学史家レト・ベッツォーラは彼の最初の物語『エレック』の重要性を説き、現代小説が終わるであろう所から『エレック』は始まるとさえ言っている。二人の主人公エレックとエニッドはアーサー王の宮廷で結婚する。二人は完全に幸福だが、この二人だけの閉ざされた愛には何かが欠けていると漠然と感じていた。出発のときが来た。《人生における偉大な感情に意義を持たせるであろう》冒険と試練への出発である。その後彼らは、一人は騎士、一人は貴婦人となって自分たちの存在を社会に示し、二人の愛を他の人々に役立てたのである。これが「宮廷風」恋愛で人々が叙情詩人と呼んだシャンパーニュ伯ティボー四世による叙情詩で顕揚されることとなる。ティボー四世はフランス王妃ブランシュ・ド・カスティーユに恋した繊細な詩人で彼女に以下の詩を捧げた。

我が愛する御方は領主さまの奥方

その美しさ故我れ慎みを忘るる

我れを魅了し、我れを許し給う偉大な美
すべてに勝る我が最大の願いは
我が心を奥方の獄屋《ひとや》につなぐこと

当時のシャンパーニュ地方の詩人たちを列記することができる。ガス・ブリュレ、コノン・ド・ベテューン、ユオン・ドワジー。多くはコノン・ド・ベテューヌやクーシの城主のように大領主である。クーシの城主がシャンパーニュ伯とともに宮廷風恋愛の中に十字軍を導入したのである。十字軍という大冒険への参加を詩人が拒否すれば詩人の愛する奥方からの蔑視を受ける。参加すればそれは別れの苦しみである。ギー・ド・クーシはこうして十字軍で亡くなることとなる。

わが国の言葉で書かれた最初の一大散文作品が世に出たのもこのときの十字軍である。それ以前は年代記作者はラテン語でしか書かなかった。十字軍遠征の隊長の一人ジョフロワ・ド・ヴィルアルドゥアンはフランス語のすばらしい表現で物語っている。ブランティニとオゾンの間のトロワからナンシーへの街道に、フランス語で書いた最初の大歴史家が生まれた城の廃墟がある。そこへ行くまでの足取りは十字軍を思い出させる地名ばかりである。たとえばヴィルアンドゥアンの教会（十三世紀の廃墟）と城はブリエンヌに近いし、ジャン・ド・ブリエンヌはエルサレム王国の王〔一二一〇—二五〕となった人物なのである。

これもまた十字軍の、しかもシャンパーニュ出身者の話だが、十三世紀半ばにもう一つの散文作品を残したジョアンヴィルがいる。彼は一二四八年、聖王ルイの十字軍に参加し、ずっと後になってジャンヌ・ド・ナヴァール〔聖王ルイの孫フィリップ四世の王妃〕の求めに応じて聖王ルイの個人的思い出を語ることとなる。ジョアンヴィルという名の町に彼の思い出が残っている。残念ながら城も、聖王に献じた祭壇も現存してはいないが、数メートル離れた所にサン＝トゥルバンのベネディクト会修道院の廃墟を見ることができる。ここではジョアンヴィルの思い出にジャンヌ・ダルクが重なる。ジャンヌはヴォークルールを出発後の最初の夜をここで過ごしたのだ。なおヴォークルール自体がシャンパーニュの代官ジョアンヴィルの思い出が残る町で、町に都市特許状を与えたのはジョアンヴィル自身である。この特許状は国立古文書館に現存し、裏面にはジョアンヴィルの筆跡で「われこれをなす」と書かれている。

歴代シャンパーニュ伯に関してはプロヴァンに最も多くのものが残っている。サン＝タイウル教会は一一四二年ティボー三世により建てられ、度々修復が行なわれたが、身廊はほとんど全部十三世紀のもので交差廊はロマネスク建築である。

サント＝クロワ教会は詩人ティボー四世が十字軍から持ち帰った真の十字架の聖遺物の一片にその名の由来がある。

中世のプロヴァンは年二回、非常な活気に沸く。市が立つのである。シャンパーニュ地方はヨーロッパの繁栄の中心地となり、経済が流通し、東と西が出会う場所となった。というのも中世の典型的な商取引は貿易であり、東洋の店先まで運ぶ商人は商品の輸送の任務、責任を個人的もしくは仲間との連携で引き受けていた。広い河川、セーヌ川、オーブ川のおかげで、商品の輸送は容易であり、その定期的商いでシャンパーニュは恩恵に浴していたのである。

当時の一篇の詩『商人の小唄』（フェリポ作）が商人の旅についてなかなかよく描いている。

商人は世界を行く
さまざまなものを買うために、
商売から帰ってきたら
塗装屋と左官と屋根屋と大工をよびよせて
彼らは家を建てる
家と倉が出来上がったら
隣人を集めてお祭り騒ぎ。
それから彼らは巡礼に行く
サン=ジャックかサン=ジルへ、
ふたたび町に戻ってきたら
女房たちは大喜び
商人たちは吟遊詩人を呼び寄せる
詩人たちは太鼓やヴィエールを弾いたり
新作の歌を繰り返す。

そしてそれから、祭りが終わると
商人たちはまた商売に出かける。
ある者はイギリスへ
羊毛と皮革とベーコンを求めて、
またある者はスペインへ、
ブルターニュへ行く者もいる、
牛や豚や雌牛を買いに、
そして一生懸命商売をする
それからあらゆる国から戻ってくる……

イル＝ド＝フランスも独自の市を開いていた。サン＝ドニの定期市である。フランドルの町々（ことにリール）も定期市をもっていた。しかしトロワとプロヴァンとバール＝シュール＝オーブ〔シャンパーニュ地方南部〕の定期市ほど人気のある市はなかった。

市にはあらゆる商品が集まった。西洋のものはさまざまの種類の毛織物、シャロンのラシャ、アラスの粗織麻布、北方の町、シャンパーニュやノルマンディーから来る亜麻布地や大麻、イープル〔ベルギー西部の町〕やサン＝カンタン〔北仏、ピカルディー地方〕やドゥエ〔リール南方〕の縞のラシャ等。東洋の産物では人々が夢中で欲しがるあらゆるすばらしい品物、ことに香辛料。ショウガ、クミン、コショウ、シナモン、染色用植物、即ちインジゴ〔藍〕、〔えんじ虫からとる〕紅色染料、アルミナ〔染色

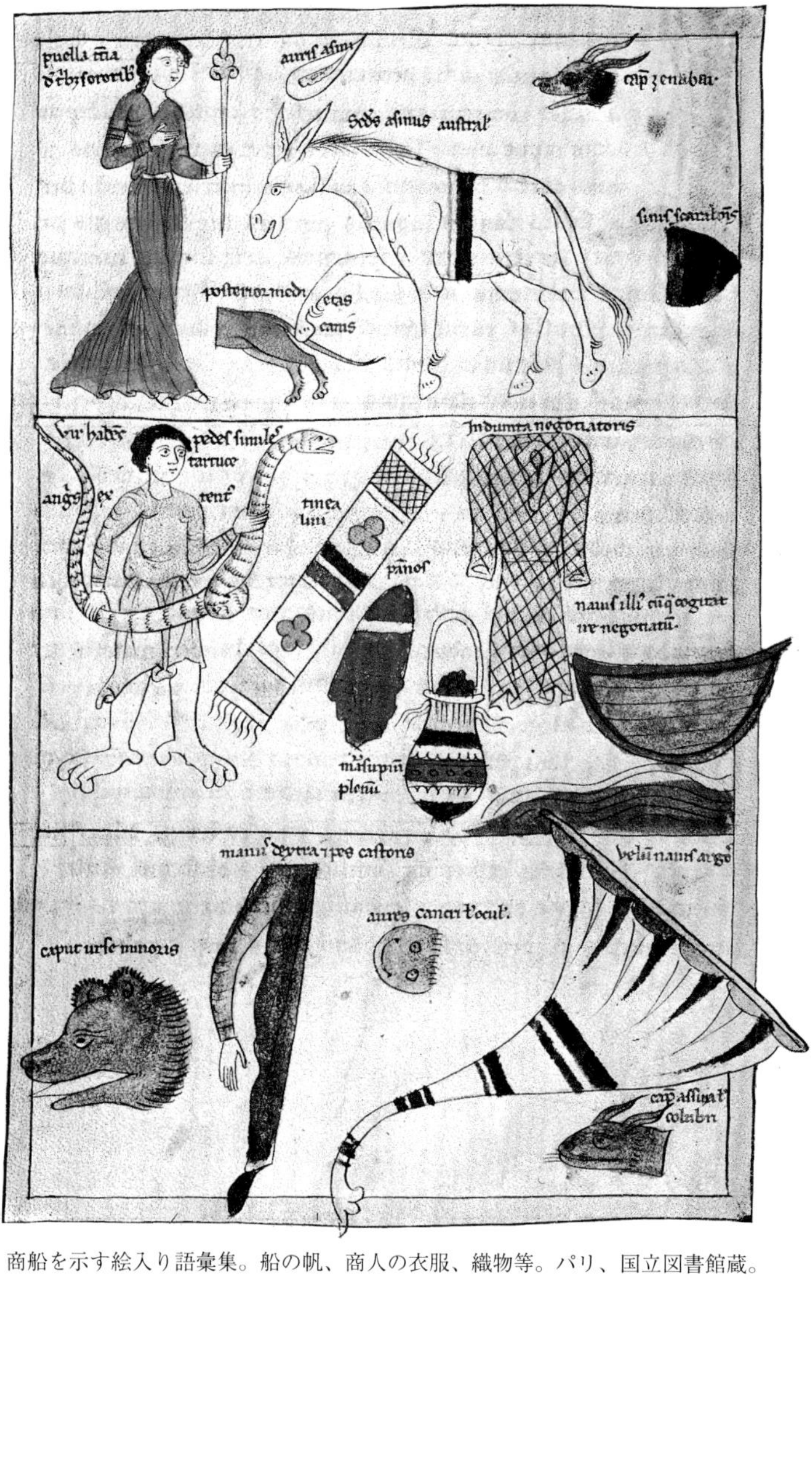

商船を示す絵入り語彙集。船の帆、商人の衣服、織物等。パリ、国立図書館蔵。

を可能にするためのもの」。香料も売っていた。じゃこう、香木、ミルラ〔没薬〕、ビャクダン等。宝石、サンゴ、外国産の織物・絹、モスリン、金銀を象嵌《ぞうがん》した武具等。

商品の運搬はどのようにして行なわれていたのだろう。最も重いものは荷馬車で、他はロバや雌ラバの背に乗せて運んだ。運送業者自らが保険システムをつくり危険を請け負っていた。彼らはまとまって行動し、一日に二十四キロから三十キロを移動した。しかし船やいかだを使っての河川運送の方がより経済的であった。

シャンパーニュ地方で誇るべきものの一つはステンドグラスである。ランス、シャロン、トロワや、またオルベ修道院〔モンモライユの北東〕の古い教会のような質素な建造物においても、十二、十三世紀のよき時代のステンドグラスの驚くべき豊富なパノラマを目にすることができる。

トロワのサン＝トゥルバンにはグリザーユ技法〔灰色、黒等の単色の濃淡を使って浮彫りの効果を出す〕でつくられた十四世紀のステンドグラスがある。

十三世紀末から十六世紀までのステンドグラス美術の変遷をよりよく観察できるのはトロワである。ここではステンドグラスは一人の果敢な芸術家の作品であり、中世末期までに多くの傑作を生むことになる。各々のステンドグラスでは縁飾りが重要であり、非常に明るいグリザーユ上にいくらかの色付けだけが所々になされている。開口部上方の大人物像は、色つきの天蓋をいただいているが、この技法はほぼ同時代のボーヴェや少し後のセー〔北仏西部、アランソン北方〕の大聖堂でも目にすることができる。トロワのサン＝トゥルバンのものは、建造物と完全な調和を保っている。高窓に帯状に広がる一連の人物像は、明るさを与える窓付けによって引き立てられ、その上、十三世紀のステンドグラスの習わしである赤と青の色調だけでなく、これらを強調させる黄色のタッチが用いられ、緋、緑、茶色がときには予期せぬ対照をグリザーユ上に生み出している。

十四世紀になるとガラス上の絵画となるような技法が現われる。「薄い黄色」〔ガラス表面の銀の硫化物から作られる〕である。

エヴルーでこの技法が用いられているが、シャンパーニュのアトリエではあまり使われず、ブールジュの聖具室のエヴァのようなグリザーユと薄黄色の傑作を産んでいる。

トロワのステンドグラス職人の間でよく用いられていたのは「ジャン・クーザン」といわれる赤色で、この赤を発明したクーザンの名によっている。一種の紅殻で人物の顔に軽く赤みをさした色調を与えて生き生きとさせ、銀の硫化物から薄い黄色を作る方法で、ガラスに染み込ませている。トロワのサント・マドレーヌ聖堂のステンドグラス（十六世紀）は十五世紀末から十六世紀にかけてのこの技法のすべてを表わしている。周歩廊には聖王ルイの一生が、後陣の礼拝堂には天地創造、聖エロワ〔七世紀、ノアイヨンの司教〕、エッサイの木がステンドグラスに描かれている。

最後に中世末のテーマである神秘の搾り機について述べよう。サント＝マドレーヌ聖堂の外陣の一礼拝堂（北側）のステンドグラスに十七世紀の搾り機がある。これはキリストの受難の苦しみと贖罪のために流された救いの血を象徴している。

ところでステンドグラスの技術のきわみを鑑賞するにはサン＝ニジエ教会へ行くのがよい。内陣の高い窓の大ステンドグラスには十二枚のパネルでキリストの受難の場面が示されている（一五二二）。注目すべきは、デッサンの完璧さ、象嵌の優れた技法でガラス職人はガラスの小片の中に孔を開け、もう一つのガラスの小片を鉛の桟ではめ込むのである。こうして竜の目やキリスト降架場面の中の衣服に宝石がはめ込まれる。これがステンドグラス最後の輝きで、次の世紀にはガラスの上の絵画という平凡な過程をたどることとなる。十八世紀に入ると――トロワの大聖堂に残念ながらその跡が見えるのだが――これらのステンドグラスを破壊して透明なガラスをはめようと考えるようになってしまうのである。

9 北フランスと職人の生活

北フランスの町は中世にあっては、ラングドックの町よりもずっと都市としての活気を呈していた。トゥールーズのような町はローマ時代から既に存在していたのだが、北フランスのリールやドゥエ、アラスやサン＝トメールのような町は古い過去の歴史を持っていない。しかし中世では最も重要な町となったのである。それは、土地の資源を使って盛んな活動を展開したからである。

フランドル地方は土地が枯れていて、農業や牧畜には適していなかった。ライン川、ムーズ川、エスコー川の河川網が作るすばらしい自然資源を北フランスの商業活動は利用していくこととなる。イギリスからは羊毛を輸入し、中世の繊維産業と美しい毛織物を生んだのだ。その織物を着た人物像は、人々がありのままに「プリミティズム」〔ルネサンス以前のフランドルを中心とした素朴な自然描写の絵画〕と呼んだ画家たちの絵や細密画の中に見ることができる。

われらが祖先の勇敢で創意に富んだ精神によって町が飛躍するようになる。一つの町はたんなる広い領地ではない。領地では一種の自給自足体制が根づいていて、領地内で生活に必要なすべてを生産しようと努力していた。ところが町では交易が不可欠だと人々にはわかっていた。それで早くから、町は専門化していく。ドゥエの町は特にラシャ製造に留意し、リールはフランドル地方の多くの町と同様、ビール醸造と織物製造に、アミアンは織物業の他に大青《タイセイ》〔青色染料が採れる植物〕の販売を生業としていた。タイセイはラングドックやピカルディーの平原に自生する。トゥルネは石材の切り出しを専門とし（当地で彫られた洗礼盤はイギリスにまで輸出されていた）、ディナンは銅と真鍮の町で、フライパン、鍋、燭台等、日々の生活の必需品の全てはディナンドリ〔真鍮製品〕と呼ばれるまでになっていた。

しかし北部の産業都市を栄えさせたものは毛織物、および小規模ではあるが麻の機織りである。毛織物製造の発展を出発点としてある発明がなされた。中世の機織に関する機械である。ずっと昔から織物は腕を広げた幅に限られていた。ところが中世では二人の人物の腕の広さで折り返して機を織るやり方が編み出された。現在の布幅、七十と一四〇センチは昔の編み方から決められたはかり方である。また織物に変化をつけさせるための踏み木《ペダル》のシステムも発明された。もう一つ、十三世紀に入ると糸車が生まれて、手よりずっと早く織れるようになった（糸巻き棒）。この技術発達に異議を唱える者がすでに出ていた。糸は手で撚るものよりも細くはならず、糸車は織物業の衰退を促すというのである。

やはり織物業で栄えたサン＝カンタンの町には当時の織物会館が残っている。これは一三三一年に建て始められ、十四、十五世紀までかかって完成しているが、ファサードは中世後期を特徴づけるフランボアイヤン様式である。

サン＝カンタンは自治権を与えられた最初の都市の一つであり、おそらくフランスでは一番古い自由都市であろう。

一一五一年、ウーの町民は、同じく自由権を獲得しようとしてサン＝カンタンの住民に対し、彼らがいかなる身分を享受しているかを問うた。その返事「サン＝カンタン都市法」は中世自由都市の起源について現存する最も生彩に満ちた資料の一つである。「全住民は市参事会員に次のこと、町の援助と市政への参加と市の防衛を誓った」。門はすべてに開かれていたのだ「無法者でなければ誰でもどこから来たにしても町に住みたい者は町に住める。ただし町に入れば何人たりとも他人に手をかけたり暴力をふるったりできぬ」。したがって彼らは町の平和を享受し、住民たちが指名した市長と市参事会員の制裁権に服従する。市民自らが裁判をし、自らが弁護し、伯やその地方の騎士たちの保護を求めない。

十三世紀のドゥエのような町に足を踏み入れれば、機織り工が送り返す杼《ひ》〔緯糸を通す操作に用いるもの〕のがちゃがちゃいう音があちこちで聞こえたであろう。今日の工場とはすこしも似ていない。機織は人間の手で行なわれていたのだ。中世の機織り工は親方と仲間と見習いを擁する家族的な小工場で働いていた。原材料の調達の都合をつけるため、彼らは同じ区画に住み、そこには、ドゥエの町もそうだが、多くの通りがあった。ドゥエの町では今でも昔の織物会館を見ることができる。市役所の中にあり砂岩石の円柱上に丸天井がのっている。ドゥエは十五世紀の市役所と十四、十五世紀の見張り台を残し、塔（六十四メートル）の二階の衛兵の部屋には十三世紀の暖炉がある。十八世紀初頭（一七一〇―一二）と二度の大戦による破壊から免れることができた。

中世の女性は男性とほぼ同様の労働をしていたが、同じ作業ではない。ラシャ製造業者の勘定書によれば四十一人の名前がわかっている。労働者のうち二十人が女性である。女性にとり重労働であると判断される仕事は禁止されていた。たとえば機織についていえば、手仕事は古代では女性の仕事であったが、中世では男性の仕事である。タピスリーでは竪機《たてばた》織りは女性には禁止されていた。腕を広げていなければならないので女性には荷が重いと考えられていたからである。また規則により、女性は革のエプロンを着けねばならなかった。洋服を保護し、清潔さを保つためであった。

染色は男性の仕事である。桶の中に染料の材料を流す。赤色を作るアカネ、青色を作るタイセイ、黄色を与えるサフラン、遠い国からの産物――インディゴ（藍）、エンジ虫の粒と呼ばれるケルメス〔赤色〕、またはピンク色を作るブラジルスオウノキ。その後ブラジルの名はラテンアメリカの広い地方に与えられた。というのも初期の航海者たちは、この地でブラジルスオウノキを発見したからである（かつては近県から輸入していた）。もう一つの輸入材料がある。ミョウバンであり、媒染剤、腐食剤として使われていた。

織物についての基準が細かく決められていた。これを犯した織物商は規格外れの商品とともにさらし刑にかけられた。独占を禁止し、価格が決められた。これに関する最も完璧な文書の一つがマルセイユの町の法令の章にある。仕立て人に関するもので、婦人用マントの製造費は十六ドゥニエ、男性用マントはより高く二スー（一スーは十二ドゥニエ）、女性用チュニックおよび頭巾つき袖なしマントは一スー、陣羽織（裏つき、縁取りつき）は二十ドゥニエ、ブリオー〔男女兼用チュニック型上着〕または上っ張りの類は二スー。頭巾の縫い賃は裏つきか否かにより三から六ドゥニエ。仕立て人は客とともに布地屋へ行く。仕立て人と布地屋の間に内通、合意があったならば罰金である。

このように衣類、食料品、建築用木材等必要なものすべての品質と価格が細かく決められていたのである。

リールの町の歴史家はこう記している。「ふつうの主婦でも買い物の際、安全に保護されていた」。常に細民をおそう不正からも仲買人の悪習から来る物価の高騰からも市民は守られていた。というのも当時は小売人よりも個人消費者の方に絶対的優先権があった。たとえばパリでは、麦にしろ卵、チーズ、ワイン等、何にしろ、小売人が手付金を払う前、またはその最中でも、きんちゃくを閉めるときにでも、待ったをかければ消費者は商品を入手する権利があったのだ。どこでも小売業者と自らの働きで商品を売る者とのはっきりした区別がつく場所が厳しく決められていた。たとえばマルセイユでは魚の小売業者は大市場でしか働けなかった。魚屋では自ら釣ってきた産物を売る漁師にしか消費者は出会わなかった。これはプロヴァンスやマルセイユのように離れた町でも同様である。小売人が買えるのは正午からである。午前中は家族の消費のための客に予約されていた。

これは今日のありさまの反対で、今日では個人客は卸売商に直接買いには行けず、まして製造業者にはなおさらである。

建築用材料（木材・瓦等）のようにより高額のものは、規律がもっと厳しく、マルセイユの塔に骨組み用材木が陸揚げされてから二週間は個人客だけが買う権利があった。その期限をやり過ごしてしまった人々も、後一週間は小売業者から商品を原価で入手できた。

町人たちの宗教的感情は多くの大聖堂を建てたことで証明できる。たとえばアミアンの大聖堂完成への努力を評価するには聖堂が町の全住民を収容できる大きさであったことを思い起こしてみよう。たしかにアミアンはわが国の大聖堂の中で一番広いものだ。その彫刻には十三、十四世紀のゴシック美術のあらゆる形式を見ることができる。中央ポルタイユの《美男の神》の彫刻、最後の審判のタンパン、ポルタイユの両脇の使徒たちすべては十三世紀の最も完成した最高の美の全体像である。

教会の後陣にはかつては織物業者の名を冠した礼拝堂（ノートル＝ダム・ドラピエール《ラシャ製造業者》）があった。つまりアミアンの毛織物は街の重要な財源の一つであったのだ。アミアンは真の自由都市で、司法に関しても自ら管理していた。かつて選挙が行なわれていた建物や職人の集まる同業者組合の組合旗は、今はない。

しかし少なくとも一つの同業者組合が残っている。ピュイ・ノートル＝ダムで、その本拠を大聖堂の中においていた。この文芸協会は南仏のいくつかの町におけるように北フランスでも非常に行動的であり、その一例を見ることができる。アミアンの美術館には、同業者組合長即ち親方によって毎年協会の聖母マリアに奉献される一連の（一四三九から一六六六年まで）ピュイ・ノートル＝ダムの絵画が残っている。

各々の絵画は処女懐胎（コンクールで提示された詩のテーマ）が描かれている。わが国の文芸は、ことに十五世紀にはこの種のコンクールが多く、中でも名高いのが王家の血統を引いた大貴族、シャルル・ドルレアンと、奇跡的に絞首刑を免れた無法者フランソワ・ヴィヨンが競ったものである。このコンクールのテーマは「泉のもとにわれ渇く」であった。各詩節の終わりに一種のリフレイン「待ちぼうけの森で……」を付けることになっていた。アミアンにはこのテーマを示す一連の絵画が完全な形で一七二三年まで残っていたが、教会参事会員たちにより破壊され、二十枚だけ現存している。

この種の文芸祭で最も名高いのがアラスのそれである。アラスの住民たちは言葉の遊戯で自分たちを

「ねずみ《ラ》」と呼び、町の印章にまでねずみをかたどり、十二世紀に宗教的、文芸的協会を設立した。町民やジョングルールが集まり、十三世紀には非常な重要性を持ち、会合やコンクールにはピュイの「王」、貴族が出席し、裕福な町人が文芸庇護者となった。一八〇人近い詩人たちがそこで様々な作品を生んだのである。歌、「歌合せ」といわれていた劇や詩の作品等、祈りから風刺に至るまで多様である。アラスの文芸祭は十三世紀初頭、一人のトルヴェール〔北仏のオイル語で書いた韻文作家〕ジャン・ボデル〔一二一〇年、癩で死亡〕で名を上げた。彼は田園詩、ファブリオ〔滑稽・風刺的な韻文の笑話〕、武勲詩、叙事詩の作者だが、奇跡劇『聖ニコラ劇』はフランス語で書かれた最初の作品の一つである。これは一二〇〇年にアラスで上演されたが、おそらくこの聖人の日十二月五日の前夜祭においてである。

アラスには数多くのトルヴェールが生まれた。中でも非常な才能に恵まれたアダン・ド・ラ・アルは多くの恋愛詩を残したが、偉大な作曲家でもあった（当時は、作詩と作曲は一対をなしていた）。ある卓越した音楽学者が言っている。「現在のようなハーモニーを対位法の実践に導入した最初の一人である」。牧歌詩のテーマ、騎士と羊飼いの娘を題材とした『ロバンとマリオンの劇』〔一二八四頃〕は真のオペレッタである。また『葉陰の劇』〔一二七六頃〕はミュージックホールのレヴューといえよう。

ファブリオは広場でジョングルールによって朗唱され一五〇ほどの物語が残っている。『エステュラ』『口をきく犬』『百姓医者』『議論で天国を得た農夫』。しかし『狐物語』ほど流行した作品はないであろう。動物叙事詩で、オリジナルは聖職者の作品であったが、悪賢いきつねルナールとその犠牲者オオカミのイザングランを主役とした作品である。ルナールとはこの物語の中に出てくるきつねのあだ名で、固有名詞だということをわれわれが気づかぬほどルナールの物語は人口に膾炙した。鶏のシャントクレール、熊のブランとともにライオンのノーブルの宮廷に持ち込まれた争いごとが民間に非常に評判となったので十九世紀にゲーテのような作家がその翻案に腕をふるったほどである。中世以来ルナールは町人たちの皮肉な想像力をかきたてた。ルナールの陰には政治的、反教権主義の狙いが隠されていたのである。『逆説狐物語』の中でリュトブフは托鉢修道会を暗に非難している〔ルナールは托鉢修道会士の寓意的人物として登場し、ノーブル王（時のフランス国王）に取り入って悪事を重ねる〕。または十四世紀初頭にはルナールの冒険の大々的剽窃《ひょうせつ》が『偽説ルナール』の中で物語られている。そこではルナールは香辛料の商人として登場するのだが、商人が占めていた重要性は大変意味深い。

劇場だけが町民や庶民の唯一の娯楽ではなかった。スポーツがあった。祭りの日（祝祭日は多い）には、つるつるにした宝の棒を広場に立て、棒の一番先にぶら下がっているハムやガチョウをよじ登ってとる競争があった。また、ジョングルールたちのまわりで輪を作ったり、ときには小学生たちが出し物を演じた。パントマイムや活人画である。十五世紀の『パリの一市民の日記』にこのことが書かれている。この本の著者は語る。「マルゴという名のエノー〔ベルギー南部〕生まれの若い（二十八歳から三十歳ぐらいの）女性がパリにやってきた。彼女は今まで誰も見たことがないほど上手にポームをやってみせた。フォア・ハンドでもバック・ハンドでも男性がやるようにとても器用にプレイした。最強の選手を除いては彼女に勝てる者はいなかった」。ポームはテニスの原型である。現在われわれが観戦するのと全く同様にスポーツ観戦が行なわれていたのである。なかでも一番有名なのは弓の競技である。北フランスのすべての町で、特に十三世紀末からは住民たちの作った弓道クラブがあり、時々町同士で競技を行なっていた。昨今のランス対ソショー〔ブザンソンの北東の町〕といったようにドゥエとリール

民衆の娯楽、クラブを用いてのスール遊び(ゴルフの元祖)。ブルゴーニュ公爵夫人の時禱書、11月。シャンティイ、コンデ美術館蔵。

水上槍試合。ブルゴーニュ公爵夫人の時禱書、7月。15世紀。シャンティイ、コンデ美術館蔵。

間で真の「都市対抗戦」が始まるときには興奮状態となる。それは一二八四年のことであった。ドゥエの町は五月一日に伝統的な「白ばら祭り」を行なう。人々はあちこちから集まる。競技のためだ。とくにリールとドゥエの人々が弓技のコンクールに出ることになっていた。祭りは二日間続く。二日目の午後、競技者たちはおそらく相当に熱っぽくなっていたのであろう。リールとドゥエの人々の間に口論の花火が飛ぶ。ドゥエの人々は、理由はわからないが、競技に加わらぬという。住民たちは二派に分かれ、夕刻になると居酒屋や通りは喧騒と混乱の舞台と化す。三日後の五月五日、リールへの道を行くドゥエの商人は住民たちからひどい目に合わせられる。リールとドゥエの人の出会うところはどこでも、アラスでは両替商の台の前で、シャンパーニュでは市場で、パリでもどこでも、つぎつぎに争いが起こる。ドゥエの肉屋は慣習に従ってオルシーの市場へ行く。それはリールの人々を恐れて『しっかりと戦おうと武装する』ためであった。結局、五月二十一日にドゥエの人々は和平の使いを送った。フランドル伯、ギー・ド・ダンピエールが介入し、二つの町を和解させたのである。

10 ブルターニュとデュ・ゲクラン将軍

あまり好意的でない伝承を信じるならば、「わけのわからない人《バラグアン》」という語はブルトン語の「パン《バラ》」と「ワイン《グアン》」の二語より成り、十一世紀にアンジューの土地に侵入して生きる糧を得ようとしたブルトン人の兵士たちの奇妙な言葉を前にしたアンジューの田舎の人々の驚きを伝えているのではなかろうか。この語の語源は言語学者にまかせるとして、ともかくブルターニュがまわりの地方を驚かせるのは今に始まったことではないということができる。ブルターニュの歴史は彼らの顔立ちと同様、長いこと独特なものであったからである。

この地方はどこの地方にも似ていない。海に面しているので穏やかで、よく知られているように、両側に高い土手や垣根のある道が走り、土地は肥沃でないが、人々の郷愁を誘い、住民といえば漁夫と羊飼いから成り、九、十世紀にこの地方の歴史が書かれたとき、初めて人々に知られることになったのである。その上、ブルターニュ地方がノルマン人の侵入の餌食であった期間に関しては、年代記は漠然としたことしか伝えていない。

われわれが知り得るのは、これに先立つ時代、半島には今グレート・ブリテンと呼んでいるところから来たブルトン人がたくさんいて、彼らはゲルマン人およびアングロ・サクソン人の侵略から逃げてきたということである。移民の後には、アイルランドの伝道者が続き、伝道者たちが原住民の性格をなおさら特徴づけてきた。原住民とはカエサルに一番強硬に反抗したケルト系の人種である。

こうしてブルターニュは伝説からいきなり封建時代に移行したようである。アイルランドからそれほど遠くないイル＝エ＝ヴィレーヌにパンポンの森がある。ここが伝説の愛好者たちが特別視している選ばれた土地で、騎士道物語がブロセリアンドの名を冠した森である。魔術師メルランと妖精ヴィヴィアンの舞台もこの森であるし、アーサー王の仲間たちが白鹿を狩りに来たり、近くのバラントンの泉で汲んだ数滴の水〔これが魔法と怪奇を取り除くこととなる〕をたらしたメルランの家もこの森である。円卓の騎士のケルト伝説はこれを背景として展開する。騎士道の冒険に最適な環境だからである。この冒険のテーマは天才的詩人クレティアン・ド・トロワとそれに続く多くの詩人たちに受け継がれ、「聖杯の探求」となるのである。

面白いことにアーサーという名の王が、ブルターニュの歴史にその最初の悲劇的色彩を与えている。ブルターニュはヘンリー・プランタジネットの領地の一部で、ヘンリーの息子〔三男〕ジェフリーに与えられていた。ジェフリーの死後、ジェフリーと妻コンスタンスとの子、幼いアーサーが受け継いだ。ブルターニュの貴族たちはアーサーに忠誠を誓いにやってくる。リチャード獅子心王（ジェフリーの兄）は、この甥を自分に引き渡すよう貴族たちに強要したが、彼らは拒否し、アーサーの身の保証のため、アーサーの正当な君主であるフランス王フィリップ尊厳王に託す。

ところが三年後リチャードは子宝を残さず亡くなり、幼いアーサーのイギリスへの権利は、父ヘンリー・プランタジネットの四男ジョン失地王の権限との間で揺れ動く。しかしイギリスの貴族たちはフランスの宮廷で育てられた若い君主を戴く気はなくジョンの方を選んでしまう。この選択は災いであった。フランス王はブルターニュのアーサーにアンジュー伯領とギュイエンヌの公領を与える。アーサーは十五歳でフィリップ尊厳王の娘フランスのマリーと婚約したばかりであった。一二〇二年、七月、アーサーは将来の義父に対してブルターニュとアンジュー、メーヌ、トゥーレーヌ、ポワトゥーの領主であるが故に臣従の誓いを行なった。ブルターニュでは人気があるこの青年は栄光の運命の夜明けを信じていたのだが、イギリス人に対してポワトゥーで彼が仕掛けた戦闘の際、ミルボーで捕虜となってしまう。それからファレーズの城に送られ、ルーアンに移送され、その後彼のことは誰も耳にしなかった。

事件の恐ろしい結末がわかったのはずっと後の一二一〇年頃である。かつてジョン失地王の親友であったギヨーム・ド・ブリウーズがジョンの宿敵となり、フランスの宮廷に逃れ、彼が目にした事件を語ったのである。能力の乏しい、情緒不安定な、少々思慮分別を欠いたジョン失地王は行き過ぎた残忍ぶりを発揮する人物であった。ある日彼は手先のジョフロワ・フィッツ＝ピエールを呼び、長い間謀り事の密談をしていた。次の夜、二人はルーアンへ赴く。ジョンは自らアーサーの引き渡しを要求し、船で町の外へ連れ出し、彼の喉を掻き切り、セーヌ川へ投げ捨てたのである。

ブルターニュはアーサーの妹アリックスの手に移った。彼女はピエール・ド・ドルー〔ルイ六世のひ孫、したがってフランス王の親族〕と結婚、以後ブルターニュはフランス王国の支配下に入った。

プランタジネット王朝時代の大建造物はあまり残っていない。ブルターニュはロマネスク美術の愛好者たちを惹きつけはしなかった。とはいえ人々が思うほどには少なくなかったのだが、多くは戦争や火事で失われたのである。ヘンリー・プランタジネットの時代は、貴族たちの抗争が激しく、度々討伐が行なわれた。中でも一一六八年にウード・ド・ポロエトに対して行なわれた討伐戦でジョスラン城は完全に破壊された。ヘンリー・プランタジネットはこの廃墟に塩をまかせた。以後、何も生えてこないようにとの象徴的行為であった。彼は誤った。というのも一六二九年にリシュリューの命で天守閣が壊されたものの、今日ここを訪れる観光客は十三世紀に建設されたのとほとんど同じ姿に接することができるからである。

十二世紀のブルターニュを最もよく残しているのは古い修道院であろう。ブルトン人は、ケルトの全地方で僧院を中心に集まり、特にアイルランドの大修道院は住民の精神生活に決定的な影響を与えたのである。たとえばモルビアンにあるリュイスのサン＝ジルダ修道院はかの名高いアベラールの修道院である。彼はナントのパレに生まれたブルトン人でエロイーズの叔父で教会参事会員のフュルベールから逃れパリを脱した。一一二五年にはサン＝ジルダ大修道院の院長に選ばれた。しかし、この地の修道士たちは哲学について語るよりも熊や猪を狩るのに忙しく、このような粗野な所にある修道院に、この弁証法の泰斗が隠遁して何を求めようとしたのか考えさせられる。当地での生活は波乱に富み、結局修道士たちからの殺害を恐れて、漁船でこっそり逃げ出したのである。サン＝ジルダは十七世紀にはすっかり修復され、アベラールを回顧するには見取り図しか残っていない。もっとも内陣の一部と（後陣側に開かれている）礼拝堂、およびいくつかの柱頭にその面影が残っている。後陣の窓上には二人の騎士の馬上槍試合を示す彫像がはめ込まれている。礼拝堂の碑文には「ジェフリー伯のため、神に祈られよ」

エロイーズとアベラール、『バラ物語』の中で描かれている二人。14 世紀。シャンティイ、コンデ美術館蔵。

と読むことができる。ジェフリー伯はヘンリー・プランタジネットの息子で一一八六年にパリでの馬上槍試合で亡くなった。その直後、ジェフリーの妻コンスタンスはサン＝ジルダに巡礼し、おそらく死者のために修道士たちに祈りを託し、鷹揚な寄贈を行ない、修道士たちがジェフリー伯のために礼拝堂を建てたのであろう。

ルドンのサン＝ソヴール教会にはブルターニュで最も美しいロマネスクの鐘楼が残っている。また柱頭はケルト模様ののこぎりの歯や渦巻きや菱形の装飾のある「抽象的」モチーフで飾られている。

このサン＝ソヴール教会は十二世紀に、驚くべき「和睦」の儀式の舞台となった。オリヴィエ・ド・ポンシャトーとサヴァリ・ド・ドンジュの二人の反抗領主は、ブルターニュ公コナン三世に追跡され、避難所であるべき教会内で殺害された。この瀆聖は一一二七年十月二十三日に公式に回復されることとなる。教皇ホノリウス二世〔一一二四―一三〇〕の教皇特使ジラール・ダングレームはブルターニュの司教たち、トゥールの大司教、サン＝ソヴールとサン＝ムレーヌの大修道院長たち出席のもと、多数の人々の前で式典を行ない、同時に大修道院の新しい主祭壇を聖別したのである。

ピエール・ド・ドルー加護下でブルターニュはフランスの影響をより多く受けるようになる。十三世紀には多くのブルトン人がフランスに散らばり、パリではブルトン人の学生たちの内輪のグループが出来上がっていた。トレギエ出身の有名な弁護士、聖イヴも仲間で、彼は常に貧者の味方をしていた。彼の同業者にとってはあまりありがたくない歌が残っている。

聖人イヴはブルトン人
弁護士だけれど無能者
これにはみんな驚いた

アンジェやオルレアンの学校にもブルトン人の学生がいた。オルレアンのサン＝パテルヌ〔聖パテルヌは五世紀ヴァンヌの司教〕小教区やブルトン通りの名残りが彼らの思い出を残している。ブルトン人は住むところどこにでも、こうして寄り集まるのが好きであった。ノルマン人の侵入によって長いこと国を追われたブルトン人集団は、シャルトルのようないくつかの町ではブルトン地区と呼ばれる地域に永住し、大聖堂の建設参加に執着し、自らベルシェール・レヴェックの石切り場から石の大荷車を引いてくるのであった。

ブルターニュの歴史は決して平穏なものではない。その保護者ピエール・ド・ドルーはモークレルク〔権謀術数の学識者の意〕というあだ名であった。学識人というからには学問ある人物であったにちがいない。しかし、ブルトンの聖職者たちに対して強い一撃を加えなかったことはない。彼の言うところによると、町を強化し、教会を打ち負かすために、司教たちの糧となっている十分の一税の徴収に反対していた。一人の司祭が彼によって生きながら埋められたという噂が流れた。聖職者たちはフランス王に陳情した。領主たちも司教たちに同様圧迫されていたのだ。一二三五年ブランシュ・ド・カスティーユ〔聖王ルイの母〕は、一通のリストを受け取る。ブルトン人の貴族たちのモークレルクに対しての不満申立書であった。しかし、モークレルクは聖王ルイの十字軍に参加し、帰国途中の一二五〇年に亡くなった。

十三世紀末ブルターニュはいまだフランスに属さず、ブルゴーニュ、ギュイエンヌ、フランドルとともにフランス王の宗主権下の自治領であった。この独立は十六世紀まで守られたが、その歴史はより動揺の時代を迎えることとなる。一三四一年にはジャン三世公が後継者を残さずに亡くなる。継ぐべきは誰か。姪のジャンヌ・ド・パンティエーヴル（ジャンより先に亡くなったとされる弟ギーの娘）か、若い弟のジャン・ド・モンフォールか。

解決はフランス王の宮廷に持ち込まれ、王はおかしなことにジャンヌを支持した。これは少々興味深い。というのもジャンヌはシャルル・ド・ブロワと結婚していて、シャルルはフランス王〔ヴァロワ朝のフィリップ六世〕の甥である（フィリップ六世の妹マルグリット・ド・ヴァロワの子にあたる）。

このブルターニュ継承戦はたちまちフランスの王冠をめぐるフランスとイギリス間の敵対関係に結びつくこととなる。ジャンヌ・ド・パンティエーヴルがヴァロワ王朝に支持されるなら、ジャン・ド・モンフォールがイギリス側につき、エドワード三世に救いを求めたのは当然である。

残忍な戦いの始まりである。フロワサール〔十四世紀の年代記作家、詩人〕がその主要なエピソードを語っている。前記したジョスラン城近辺（ジョスランとプロエールメルの間）で展開した〔ブルターニュ継承戦争時の〕三十人決闘とエヌボン〔ブルターニュ半島南岸の町〕城の包囲である。

ところでレンヌでは、ブルトン人の騎士で不恰好な顔の、しかしその武勲で末代まで名を残すこととなる男が名を上げた馬上槍試合が既に行なわれていた。

名誉の鉾先《ほこさき》、雄々しき系図
勇気に魅せられた獅子の心
騎士の華、フランスの栄光
勝者にして果敢なる戦士
心賢く事にあたって、あやまたず

つまりこれがベルトラン・デュ・ゲクラン――将来の元帥で、フランスで大いに勇名を馳せることとなる人物である。イギリス側の捕虜となったとき、フランス中のすべての乙女たちが彼の身代金支払いのため機を織ったのである。デュ・ゲクランはレンヌからサン=ブリユーへの街道のディナンの南西に位置する小村、ラ・モット=ブロンに生まれた。

父親はサラセン人で、アルモリカ〔ブルターニュ地方の旧名〕に移り住んだアルジェリアのブージーの王の子孫だといっていた。ベルトランはほとんど嫌悪感を起こさせるほど醜く、赤銅色の顔、鼻は低くひしゃげ、首は短い猪首、動作はぎこちなかった。

レンヌの馬上槍試合のとき、ベルトランは十七歳であった。百人ばかりの貴族たちがブルターニュや近郊の四方八方から集まった。ベルトランは父親の農耕用の馬にまたがってやって来た。あるトルヴェールは「小銭四フローリンの値段の馬」と語っている。このような装備で気おくれしながら彼は貴婦人たちの一団を見つめていた。彼女たちは美しく着飾り「百合の花のように白く」、柵の開くのを待ちくたびれて前脚で地面を蹴っている駿馬にまたがり、輝くばかりの武具に身を固めた騎士たちとほほ笑みを交わしていた。

やがて試合の開始を告げるラッパの音が響く。騎士たちは槍を振り上げる。駿馬はいななく。貴婦人はお気に入りの騎士を応援してスカーフを振る。柵は開けられ、競技場に選手たちが突進する。土煙が立つ。打ち合う槍の激しい音と、飛び散る兜の砕ける音と、地面に倒れる馬の轟音しか聞こえなくなる。ベルトランの父、ロベール・デュ・ゲクランも試合に参加していた。しかしこの若者ベルトランが見つめるのは父ではない。彼と同い年の従兄弟でデュ・ゲクラン家の裕福な分家の一員だ。ベルトランより幸せで槍試合に仲間入りを果たしている。完璧な武具を着用し、高価な馬にまたがっている。このチャンピオンが馬上槍試合の規則通り、定まった数の試合を終えたとき、ベルトランが彼に近づく。彼はベルトランに彼の武具と馬を貸してくれるだろうか？　「どうぞどうぞ、従兄弟ベルトランよ。喜んで！私が貴方にお着せしましょうぞ」。ゲクランは喜び、早速競技場へと急ぐ。柵を越えるや否や、もう一人の騎士が彼に向かってきて戦いを挑む。ベルトランは挑戦を受ける合図を送る。

二人の競技者はお互いに向かって突進する。われらが若きチャンピオンは相手に槍先を向け、真槍のような正確さで相手の面頬のすきまからまっすぐに槍をついて相手の兜を飛ばせたのである。馬と騎士は土ぼこりの中に転がった。馬は死に、騎手は落馬で啞然とする。「お見事！」と立会人は叫ぶ。しかしその名を発表できない。ベルトランは兜の面頬を下げたままだから。

われにかえった相手の騎手は側近の一人に言う。「この盾持ちの名前と家名を大急ぎで聞いてこい！」

ジャッカンの原画にもとづくラングロワ作の、このデュ・ゲクランの気品ある肖像画からは、彼の同時代の人たちが語り草にしていたブルターニュ貴族の醜さはうかがえない。19世紀の版画。

側近は使いから戻ってきて主人に言う。「殿、貴殿または他の人が、彼の兜を取らなければわかりません」「もう一頭馬を用意せよ」と騎士は言う。「誰がわれを落馬させたかわかるまでとことん探す。どこの誰か知らぬが、高貴の出の貴人にちがいない」

ベルトランはこうして十五回の試合を行ない、十六回目に一人のノルマンディーの騎士がこの不明の盾持ちの面頬を飛ばすことに成功。ベルトランだとわかったのである。

デュ・ゲクランを英雄としたブルターニュ継承戦争はゲラーンド条約で終わりを告げる。一三六五年、シャルル・ド・ブロワの未亡人ジャンヌ・ド・パンティエーヴルは、パンティエーヴル伯領と高額な年金、および彼女の長男がジャン・ド・モンフォールの妹と結婚するという約束と引き換えに、ブルターニュ公領における諸権利を手放した。ブルターニュ公領故にジャン・ド・モンフォールはフランス王に臣従の誓いをたてた。デュ・ゲクランはシャルル五世の下で戦う一方ブルターニュは平和な時代を迎えることとなる。ノルマンディーと北部フランスを荒廃させることとなる百年戦争というフランスにとって最も災難な時代の始まりを考えると、まことに皮肉なことではある。他の地方ではどこでも既にフランボアイヤン様式で特徴づけられていたゴシック美術がブルターニュで最盛期を迎えていたのである。そしてその明かり取りのあるすばらしい鐘楼がブルターニュ地方に点在している。

その典型的な例を見るには、かの名高いクライスケルの鐘楼があるサン゠ポル゠ド゠レオン〔ブルターニュ突端部北岸〕を訪ねるのがよい。礼拝堂の大部分はジャン・ド・モンフォール四世（一三四五―一三九九）の治世下で建てられたが、鐘楼は少し後の時代（十五世紀初頭）のものである。高さは七十七メートルで教会の中央交差部上にそびえている。全体的に明かり取りの小窓があり、四隅に四つの小鐘楼が付いている尖塔は繊細さと斬新さをあわせ持つ傑作である。このクライスケルの鐘楼はブルターニュの大部分の町で模倣されているが、これをしのぐものはない。鐘楼はこの地方の石である黒っぽい花崗岩と同様に、町に独特な様相を与えている。花崗岩は彫刻する上で扱いにくいが、そのお陰で建物は少々控えめで峻厳な姿になっている。

サン＝ポル＝ド＝レオンからさほど遠くないル・フォルゴエにあるノートル＝ダム教会にもこのタイプの鐘楼がある。フランボアイヤン様式のすばらしい内陣に仕切りがあり、現存する最も美しい教会の一つに数えられている。コルヌアイユには、この鐘楼をまねた、ただしより質素だが明かり取り窓のついた簡単な尖塔のある小さな教会がいくつかある。時にはケルデヴォ〔カンペール郊外〕のノートル＝ダム教会の尖塔のように、後の時代に再建されたものもある。

考古学者にとっても単なる観光客にとっても、とまどいを感じさせるブルターニュでは、十六世紀、否、もっと後の時代までもが中世である。その驚くべき例はキリストの磔刑十字架の数々である。サン＝テゴネックにもギミリオにもプリュガステル＝ダウラスにもキリストの受難の場面を表わす多くの人物像（ギミリオには二百人）をともなったキリスト磔刑記念碑が立っている。最も古いトロノエンのものでも十五世紀末でしかない。十八世紀に立てられたのもあり、人物の衣服で時代が判明できる。ほとんどのものは十六、十七世紀を思わせるが、これらの十字架が着想されたのは完全に中世の考えによる。それを解くカギは、新訳聖書よりも中世の聖史劇の中に見られるのである。

11　プロヴァンス、リヨネ、ドーフィネ、サヴォワ——皇帝と教皇

ローヌ川を通る船頭は長い間、一方の川岸を「帝国」、他方を「王国」と呼んでいた。中世末まではローヌ川左岸（少なくとも一部）はフランスではなく、帝国の領地であった。しかし神聖ローマ帝国は遠くにあり、ここはほぼ独立した地方であった。

プロヴァンス地方もその一部であった。八四三年のヴェルダン条約でシャルルマーニュ大帝の孫たちの年長ロタールに付与された中間的分割相続によって、ロタールだけが皇帝の称号を保持したのである。ロタールの王国は北部からイタリアまで、なかんずく「ロタリンギア」地方を含み、その他にもブルゴーニュとプロヴァンスがある。

プロヴァンスは九、十世紀にはアラブ人の略奪の餌食であったので、誰も食指を動かそうとしなかった。あるアラブの年代記作者が趣豊かな表現で表わしているように、次々と侵略者の波が押し寄せるので、キリスト教徒たちは地中海に「小船を浮かせること」はできなかった。ある者はサン＝トロペの入り江にやってきてル・フレネというところに拠点をかまえ、住みついた。そこからはるかスイスまでも

荒らしに行ったのだ。ある日、彼らはヴァレのクリュニー大修道院長聖マイユールその人を略奪する。ゴール人の福音伝道以来、レランやマルセイユに数々の修道院が建設されて、以前は非常に繁栄していたのだが、当時は完全な廃墟となっていた。サラセン人が追放され、ことにプロヴァンス伯ギヨームが彼らのル・フレネの拠点を九七二年頃破壊して、やっと地中海沿岸での生活がもとに戻ったのである。ギヨームのあだ名はしたがって、解放者ギヨーム、肩書きはプロヴァンス侯である。そして昔の修道院は城壁を再建し、新しい修道院がモンマジュールやガナゴビーに立てられ、人口は増加したのである。数々の町が、他の地方と同様プロヴァンスにも造られ、田舎では農家（農民は託された土地で耕作し、その代わり土地の領主に地代を支払う）が栄え、作物はよく実った。ことにブドウとオリーブの木はプロヴァンスの空の下、最適な環境にあった。

フランスのどこでも同じだが、ここでも実際的に権力を行使していたのは領主であり、彼らはプロヴァンス侯の権限のもとで領地を守っており、プロヴァンス侯は自らをブルゴーニュの王だといっていた。というのも、ロタールの旧相続地であるブルゴーニュは次第に独立国となっていったからである。ところで一〇三二年、プロヴァンスの君主である歴代ブルゴーニュ王の一人ロドルフ三世がその継承をドイツ皇帝に遺贈してプロヴァンスは帝国領となった。ところがやがてプロヴァンス侯領はトゥールーズ伯の手に落ち、多くの継承者の間で分割される。一一一二年、解放者ギヨームのひ孫ジェルベルジュは娘ドゥースをバルセロナ伯レイモン・ベランジェと結婚させる。こうしてプロヴァンスにはあらゆる種類の勢力が入りみだれ、つまりあらゆる類いの敵対関係が生まれることとなる。最終的にはトゥールーズ家とバルセロナ家の間に協定が締結され、トゥールーズ家がローヌ川の右岸とデュランス川の北方を手に入れた。これがいわゆるプロヴァンス侯領である。バルセロナ家はローヌ川、デュランス川、アルプスと海の間を含む地方を獲得した。いわゆるプロヴァンス伯領である。アヴィニョンとその地方は西方の間にあって共有財産のようなものであった。

プロヴァンスは以後カタロニアの影響を受け、その歴史は不服従の臣下を従わせるための封建領主の小競り合いの歴史となる。レイモン・ベランジェとその後継者たちを苦しめることとなるのはレ・ボーの領主とフォルカルキエ〔プロヴァンス北部〕伯たちである。レ・ボーは今日、観光客の旅行先でしかないが、岩壁と城砦との見分けがつかないようなこのすばらしい地域をくまなく歩いてみると、領主たちが持っていた権力が思い知らされる。レ・ボーの領主たちは東方の三博士の一人バルタザールの子孫だといっていた。いずれにせよ今日では城塞はなくなり、古い美しい家々は土産店になっているとはいえ、かつては少なくとも四千人の住民を擁した町であった様子は想像できる。サン＝ヴァンサン教会（ロマネスクのポルタイユがある）も見えるし、数世紀にわたって人々がパンを焼きに来た共同窯も残っている。塔に上がればカマルグ、アルル、モンマジュール、それにサント＝マリー＝ド＝ラ＝メールまでも全プロヴァンスの風景を観察できる。その向こうにはエグ＝モルトのすばらしい景色が広がっている。プロヴァンスは大々的な伐採の被害をこうむった。石灰窯を供給するため、またはトゥーロンの工廠を作るために伐採が行なわれたのである。今日この地によく生えるフランスカイガンショウは十九世紀初頭にやっと取り入れられたものである。以前にはカサマツ（エク＝サン＝プロヴァンスの美味しい菓子、ことにアーモンド、果物の砂糖漬けのベースであるカサマツの実を産出する）やカシワ、それに今日ではサント＝ボームの森でしか見つけられない樹木が生えていた。

十二世紀はあらゆる地方がすばらしい発展を遂げた時代である。前述したようにドイツ皇帝フリードリヒ赤ひげ王は遠くにいたのだが、一一七八年七月アルルの王として戴冠のためにプロヴァンスへ来るべきだと考えた。そしてこの機会に彼はプュイモワソンの聖ヨハネ修道騎士団の農産地に関してサン＝タポリネール教会あてに証書を授けた（八月十八日）。そして八百年後（！）の今日、この建物の修復が終わったのだ。しかしプロヴァンスの人々はこの間、何の活躍もしなかったわけではない。聖地（十字軍士が征服していた）に建設されたラテン王国を実り多い貿易ができるように利用していたのである。マルセイユでは商人たちは昔の城壁を越えて、彼らの町を拡げて副伯たち（彼らは以前には町の領主であった）から、彼らの全権利の譲渡を受けたのである。こうしてマルセイユは十三世紀初頭には真の独立「共和国」を形成したのである。

当時プロヴァンス伯はレイモン・ベランジェ五世であり、カタロニアとプロヴァンスを支配下においていた。父親が亡くなったときは五歳にすぎず、叔父のピエール二世（アラゴン王）が後見人となった。一二一六年レイモンはプロヴァンスに戻る。治世は繁栄し、側近にはロメ・ド・ヴィルヌーヴのような優秀な大臣がいて、ほぼ二十年もの間、伝説を生むほどの英知で国を治めた。伝説の起こりはおそらくロメという彼の名からローマへの巡礼者を考えたのであろうが、彼は貧しい巡礼であった。レイモン・ベランジェ伯の慈悲で拾われ、次第に王の顧問官の中で一番の知恵者となっていった。彼は伯に予言した。「伯には四人の娘ができるが、残念ながらあとを継ぐべき息子はいないであろう、そして四人の娘は四人の王妃となるであろう」と。実際、彼女らの一人マルグリットはフランス王ルイ九世の妃となり、次女はイギリス王ヘンリー三世に嫁ぎ、三女は後のローマ人の王リシャール・ド・コルヌアイユに、四女ベアトリス（彼女に父はプロヴァンスを与えた）は、聖王ルイの弟シャルル・ダンジュー、未来のシチリア王に嫁ぐこととなったのである。こうして「ロメ」の予言は的中した。一方、臣下たちの領地においても他の町でも段々と彼の権限は認められるようになった。他方、レイモン・ベランジェ五世は、その行政を正当化させる驚くべき才能で、あちこちに「代官職」をつくっていった。これは役人、つまり伯の代行人で、裁判を行使した。これに反して伯領よりの収入はわれわれが財務官と呼ぶところの審査官と「特命徴収官《クラヴェール》」が徴収していた。このように権限の専門化が行なわれたのはこれが初めてである。

帝国の統治下にあった地方についても同様の考察をすることができる。ドーフィネは十四世紀まで独立した国であり、帝国の領土の中でも最も重要な封建国家の一つであった。というのもドーフィネはわが国の県であるイゼール、オート＝ザルプ、ドロームの一部、アンの一部、およびラ・トゥール・デュ・パン家出身のアンベール二世が手にしていたすべての領土を含んでいるからである。アンベールは妻を亡くし、子もなく、借金だらけであって一三四三年、領土をフランスに金と引き換えに譲渡したのである。金貨十二万フロリンと一万リーヴルの終身年金が支払われた。ドーフィネはフランス王（フィリップ六世）ではなく、王の息子に与えられた。最初は二男フィリップに、しかし翌年には王国の推定相続人である王の長男「王太子」に与えられ、以後ドーフィネはフランス王太子の所領となる。これは英国王の長男は伝統的にプリンス・オブ・ウェールズの称号を受けるのと似ている。しかしドーフィネの継承はどこででも承認されていたわけではない。サヴォワはこの裕福な伯領に対して長い間培ってきた野心をあきらめるのに数世紀を要している。アンリ四世の下でもなおサヴォワ伯シャルル＝エマヌエルは、ドーフィネ・ド・ヴィエノワと呼ばれていた地方への権利主張を表明している。こうしてドーフィネとサヴォワの人々の間には世紀を越えて不和が続く。両地方の境界であるギエル川が流れている小村ポン＝ド＝ボーヴォワザンには教会が二つあり、一方はサヴォワの人の行く教会、他方はドーフィネの人のものとなっていた。橋はフランソワ一世のもとで再建されたが、かつてはフランスとサヴォワの紋章のあるオベリスクが橋の真ん中に建っており、両地方の境界を示していた。長い間、そしてつい最近までもサヴォワ側の住民は橋を渡るとき「フランスに行く」といい、イゼール側の住民にとってサヴォワの人々は「外国人」であったのだ。両地方間の往来は頻繁であった。というのも絹織物がフランスに定期的に輸入されるただ一つの町エグ＝モルトとともにこの小村ポン＝ド＝ボーヴォワザンは「絹の宿場町」として重要な経済的役割を果たしていたのである。

マルセイユは既に「東方への門」という名にふさわしく貿易により栄えていた。サン＝ヴィクトール聖堂がありキリスト教がガリアへ伝道された第一歩を証するもので、五世紀に聖カシアヌスにより建立された。聖オノラが地中海沿岸にレラン修道院を建てた頃である。おそらくプロヴァンスで一番古い修道院であろう。一九六五年の発掘で聖ヴィクトールの墓（三世紀）が発見された。

毎年二月二日夜明け前にこのサン＝ヴィクトール修道院に多数の群れが押し寄せる。マルセイユ中の魚屋がろうそく祝別の日の行列に参加するのだ。マルセイユではこの日「ナベット」といわれる船形の小さな菓子が売られる。この伝統はマルセイユの最初の司祭といわれている聖ラザールが岸辺に到着したことから生まれたもので聖ラザールは二人の妹、マドレーヌとマルタおよび二人のマリー――聖母の妹マリー・ヤコベ、そして使徒聖ヨハネおよび聖ヤコブの母マリー・サロメ――そして召使のサラを連れて小船に乗ってやってきた。おそらくサント＝マリー＝ド＝ラ＝メールに着いたのだろう。そこにはロマネスク様式のすばらしい教会が建っている。外見はいかめしい荒削りな要塞の観を呈しており、一一四〇年から一一八〇年の間に建てられたものである。

五月二十四、二十五日にジプシーたちはサント＝マリーに押し寄せ、教会で夜を徹する。三年または四年ごとに彼らは女王を選ぶといわれている。

常に流浪しているこの奇妙な人々は十五世紀以前にはフランスには現われなかった。いわゆる中世は彼らの存在を知らない。パリに初めてジプシーが現われたのは一四二七年であった。『パリの一市民の日記』は彼らについての伝説を取り込んで、こう記している。「八月十七日、十二人の苦行者（と彼らは言っていた）がパリにやって来た。一人の公、一人の伯と十人の家臣で、皆、馬に乗っている。彼らはキリスト教徒でエジプト海岸に沿った地方の生まれだといっていた。彼らの話だと、彼らは、かつてはキリスト教徒であった。そしてごく最近になりまた、キリスト教への信仰を取り戻したのだ。サラセン人の襲撃を受け、信仰をぐらつかせた彼らはあまり自己の信念を固持することはなく、したがってすぐキリストの敵となりはて、キリストを否認し、イスラム教徒になったのだった」。そしてこう書き加えている。「彼らは教皇に告解した。教皇は贖罪として彼らに『七年間横たわって寝ることなく世界を彷徨う』ことを命じた。『百人か一二〇人くらいの多勢の男女、子供たちは聖ヨハネの斬首の日（八月二十九日）にしか現われない。男たちは非常に黒く、髪の毛は縮れていた。女たちはこの上もなく醜く、これ以上肌が黒い人は見たこともない。皆、顔に傷跡（入れ墨）がある。髪は馬の毛のように黒い」

ローヌ川の三角州の一つの主要な支流を上ると、アルルへ出る。かつては大聖堂であったサン＝トロフィーム教会にはプロヴァンスに現存する最も高いロマネスクの身廊がある（二十メートル）。一一七八年、ドイツ皇帝フリードリヒ赤ひげ王がアルルの王として戴冠したのはこの教会である。ポルタイユの彫刻の見事さは近郊のサン゠ジル・デュ・ガール修道院の教会を思い起こさせるが、この名はトゥールーズ伯の一族の名となりレイモン・ド・サン゠ジルは第一回十字軍に参加し、完全な聖地征服のために決して自国トゥールーズには戻らぬ誓いを立てた人物である〔聖地でトリポリ伯（一〇八八—一一〇五）となる〕。この十字軍を提唱したウルバヌス二世〔一〇八八—九九〕は当時最も盛んであった巡礼地の一つであるサン゠ジルへの巡礼を自ら行なっている。

アルルのアリスカンの墓地には、叙事詩的雰囲気が漂っている。サラセン人を激しく批判したギヨーム・ドランジュの手になるかの名高い遠征が語られる武勲詩に、この名が冠されている。中世にはシャルルマーニュ大帝の十二臣とロンスヴォーでなくなった騎士たちの墓があった、この山道を散歩してみると、そこには残骸しか残っていないといわざるをえない。十三世紀には十九の教会または礼拝堂があったが、十八世紀以降、文字通り荒廃し、十九世紀に入ると鉄道の建設が始まるのであった。

アルル近郊モンマジュール修道院を訪ねずしてアルルを去るわけにはいかない。プロヴァンス伯の要塞跡で中世的背景の下に天守閣がそびえている。サント゠クロワ゠デュ゠カステレ礼拝堂（十二世紀）はサン゠ピエール礼拝堂（十世紀、一部分は地下、天守閣のもとにある）とともに当修道院に属している。修道院の教会は十二世紀半ばのロマネスク建築で回廊の東側にも同じくロマネスクの柱頭が残っている。

その他の修道院はシトー会修道士たちによる創設で、驚くべき線の単純性がその特徴である。聖ベルナールの項（第二章）で記述したが、代表的なものが、シルヴァカン、セナンク、そしてトロネの比類なき全体像である。

エグ＝モルトの町の城壁はプティ＝ローヌの三角州にそびえ、プロヴァンスへのフランスの影響を見ることができる。聖王ルイが十字軍出発を決めたとき、当時巡礼路は海路の方がより便利だと考えられていたが、地中海に面した港を王は何も有していないことに気がついた。マルセイユは帝国の領土であったし、モンペリエはトゥールーズ侯に属していたのだ。そこで聖王ルイはほんの数人の漁夫しかおらず、塔も石もないこの湾を港に整備するという大胆な考えを実行に移す。一二四一年最初の工事としてコンスタンス塔を建設、一二四六年には自由都市の特許状を発布した。この新しい町へ移り住む者には王の保護を与え、全ての税を免除する、というものである。たちまち封建時代を特徴づける陽気で活発な活動が始まった。家が建ち並び、今日のアメリカの都市のような「ブロック」に似た「島」に区分されて教会の周りに集まった。この土地に広がる砂丘の故に境界にはノートル＝ダム＝デュ＝サブロン〔砂丘の意〕の名が冠せられた。こうして一二四八年聖王ルイとその妻マルグリット・ド・プロヴァンスはこの港からキプロスへむけて十字軍に出征したのである。

同じ頃、もう一人の十字軍士が、マルセイユから出航した。中世の航海の精細な記述を残したジョン・ジョアンヴィル侯である。彼はこの〔第七回〕十字軍を通して聖王ルイの忠実な友人かつ戦友となり、その後遠征の歴史を書くこととなる。

同じ頃マルセイユでは忙しく活躍していた人々がいる。ジョアンヴィルのように文学的作品ではないが、マルセイユの公証人ジロー・アマルリックは公証人の覚書を残している。この年一二四八年には巡礼者が非常に多く、航海は過密であった。巡礼者の荷物とともに商品を積んだのである。三月二十七日（出港の時期である。嵐を恐れて春にならねば旅立ちはしなかった）のメモには二十一の「注文」を受けたとある。当時の海上契約である。商人は仲間の商人に商品輸送をゆだねる。毛織物、麻布地、錫の食器等。商人は近東の港で商売をし、そこから香辛料、香水、金襴、絹織物等の貴重品を持ち帰る。帰国するとシャンパーニュの大市、または地方市でこれらを売る。三月三十日のジロー・アマルリックの覚書には、海上輸送の項だけで三十七の記録がある。アッカへ向かうサン＝テスプリ号の積荷、メッシナ行きのサン＝ジル号、ブージーやセウタ（貿易はアフリカでも盛んであった）行きのボンヌ・アヴァンテュール号、ナポリ方面のセルフ号、サン＝タントワンヌ号、ジェルフォ号等の積荷が記載されている。出航は三月から七月までで、商人は季節の半分を東洋に住み、秋に帰欧していた。反対に秋に出航し（最後の出発日は十一月三十日聖アンドレの日であった）、春に帰ってくる者もあった。

プロヴァンスにフランスの影響が見られるのはエグ＝モルトの町だけではない。ジョアンヴィルは聖地より帰国後、聖王ルイのサント＝ボーム巡礼の様子を語っている。伝承によると、この名高い洞窟に聖女マリー＝マドレーヌ［マグダラのマリア］が隠遁し、苦行していたといわれ、既に聖地としてあがめられていた。しかし聖王ルイが見たものは風景だけであろう。洞窟からさほど遠くない所にサン＝マクシマンのバジリカ聖堂（プロヴァンスにおけるわが国のゴシック建築の最も美しいものの一つに数えられる）が立てられる二十五年前に王は亡くなっている。ファサードは未完成だが、身廊は重厚で、礼拝堂、側廊、身廊の配置の調和がよく取れている。側廊の一方にトゥールーズ司教、アンジュー伯聖ルイの貴重な長袍祭服〔十四世紀初頭〕が展示されている。

聖王ルイはエク＝サン＝プロヴァンスにも立ち寄っている。今日のサン＝ソヴール大聖堂（王の死後一二八五年に建立開始）は見られなかったが、南側廊（当時はロマネスクの教会の身廊であった）と洗礼堂（五世紀）は目にしたことであろう。

プロヴァンスの歴代君主の中で最も感じのよい思い出を残してくれたルネ王の肖像はニコラ・フロマンの三連祭壇画、「もえる茂みの中の聖処女」に見ることができる。左扉の前で、妻ジャンヌ・ド・ラヴァルの方を向いているのが王である。

レイモン・ベランジェ〔プロヴァンス伯〕の末娘で後継者ベアトリスは、父レイモンの死後一年後の一二四六年、聖王ルイの弟シャルル・ダンジューと結婚したことは前述した。シャルルは兄の廉直さも宗教心もひとかけらも持ち合わせておらず、ただ野心満々であった。プロヴァンスの町は次々と彼の権限を認めることとなる。アルル、アヴィニヨン、マルセイユのような町は、真の防衛連盟を結成したが、何回かの反抗の末、屈服せざるをえなかった。マルセイユでは反乱は六回続いた。中世には言語の統一はなかった。各地方は地方語、風俗を保っており、伯が権威を振りかざしてもその行政機関内でのことであった。町には国王役人（プロヴァンスではこう呼び、北フランスでは代官という）が伯に課すべき税、ことに塩税の徴収を行なう。塩税は当時はプロヴァンスにだけ存在していたが、十五世紀なるとフランス中でまねをすることとなる。プロヴァンスには塩田が多く、その後旧体制下で全く塩田のない地方での塩税の乱用とはその性格を異にしていた。したがって行政上も確かに有効だし、考えられうるだけの多額の予算がつけられている。支出は二万二千から二万三千リーヴル、収入は四万三千リーヴルであった。

ところが、シャルル・ダンジューはこのように多額の収入でぬくぬくと暮らしていける人物ではなかった。彼はナポリとシチリアの王国を得ようと策を労し始めた。コンスタンチノープルのラテン帝国およびエルサレム王国までも手に入れようと欲したのだ。シチリアはアラゴン王に支持され（もっともアラゴン王も地中海への野心を隠さなかった）、直ちに反抗し何にでも手を出すアンジューの君主の計画をさえぎった。が、イタリアは不幸だった。というのもシャルル・ダンジューはその野望を後継者に託したのだ。ずっと後の十五世紀末、十六世紀初頭になって、ヴァロワ朝最後の王たちが次々とイタリアを征服していくのである。

シャルルの息子シャルル二世は一二八五年のナポリ湾での戦いでアラゴン王に捕らえられ、三年後にやっと解放される。その間プロヴァンスを統治していた人々は一つの結論を出す。プロヴァンスの将来にとり重要なことで、この地方の三部会から代表を集め、プロヴァンスの地方三部会を作ったのだ。エク＝サン＝プロヴァンスには会計院が創設され、段々と首府の観を呈していった。

当時の教皇はクレメンス五世、フランス人であった。ローマを二分させた動乱に恐れをなし、アヴィニヨンに居を構えた。一時的のはずだったが七十年間にわたり、キリスト教圏全体にとり重大な結果をもたらすこととなった。

シャルル・ダンジューの子孫は、〔ナポリ王妃〕ジャンヌで終わりを告げる〔一三八二〕。彼女の人生は終始悲劇に包まれていた。夫ハンガリーのアンドレは、ナポリの戴冠の前々日に絞殺された（一三四五年九月の十八日から十九日にかけての夜）。王妃は十九歳、確証があった訳ではないが、殺害に加担したと嫌疑がかけられた。その後日を経ず彼女は従兄弟のルイ・ド・タラントと結婚、彼は共犯と見られていたので、嫌疑は確かなものとなった。彼女の元舅ハンガリー王に脅迫され、エクスへ逃げる。そこにはペストが荒れ狂い、彼女は大急ぎでナポリへ戻る。その間、彼女はアヴィニョンを教皇に八万フロリンで売ってしまう。以後、彼女はプロヴァンスには現われない。ナポリ王国で、ライバルである従兄弟のシャルル・ド・デュラスに絞殺されたのである（一三八二）。

四回結婚したが後継者を得なかった王妃ジャンヌはシャルル五世の弟ルイ・ダンジュー公を養子としていたが、彼はイタリアの戦場に行くためにしかプロヴァンスを通りはしなかった。一三八四年に死亡した。

ルネ王は彼の孫である。ルネ王がプロヴァンス伯領を手に入れたときは、国は荒れ放題で無残な状態であった。王はプロヴァンスの平野にイタリアの農民を呼び寄せ、住みつかせることを積極的に行ない、サン＝ロラン＝デュ＝ヴァルやカルヌール、サン＝トロペ、その他、特にプロヴァンス地方の中心および東部に住まわせて真の植民地をつくったのである。それで多くのプロヴァンス人がイタリア人的容姿を持っているのだが、それがローマ統治下に起源があると信じている人が多い。

とにかくルネ王は学識があり、おそらく画家（かの名高い「燃えて身を焼く恋心」のすばらしい細密画の作者といわれ、またジャンヌ・ダルクの肖像画を描いたという伝承もある）少なくとも詩人であったのは確かだ。

オルレアン公にあてた彼のロンデル〔中世の定型詩〕を紹介する。恋の打ち明け話をほのめかしている。

書斎のルネ王。彼は詩人にして画家、そして熱心な文芸庇護者であった。ヴェーヌ・プレザンスの苦行のための書。15 世紀。パリ、国立図書館蔵。

色恋を　煩わしきと　思えども
身をかわすさえ　いとまなし
なおその上に　色恋は
汝《な》が苦しみを　消すほどに
より善きものを　与えなん
恋の手練に長《た》けし　汝なれば
（お気に召さねば　お許しあれ）
色恋を　煩わしきと　思えども
身をかわすさえ　いとまなし

ルネ王の死後、遅かれ早かれ、プロヴァンスはフランスに帰属することとなる。

アヴィニヨンは教皇の滞在中（一三〇五―一三七七）は活気あふれる中心都市であり、ことに芸術家にとっては住みよかった。良書や絵画の愛好家が多く、芸術の町でイタリア人が押し寄せていた。最も盛んな産業の一つは武器製造であった。

面白いことに印刷機について一番古い記載があるのはアヴィニヨンである。一四四四年来、印刷機と金属の分離活字のある印刷機材が存在していた。二年後、プロコープ・ヴァルトフォーゲルという名のプラハの金銀細工師がやって来て、弟子たちに、ことにある一人のユダヤ人に「機械で書く技術」を教えた。彼らはこの秘密を誰にも明かさないと誓うこととなる。

ある日男女の少人数の群れが教皇庁の前に足を止めた。女たちは白の服装に黒のケープ(マンテラーテ)をかけている。ドミニコ会の在俗修道会の会員である。男たちの中には聖職者も俗人もいる。彼らを率いる一人の奇妙な少女を皆が取り囲んでいる。彼女の顔はあまりにも痩せているので、ほとんど透明であり、その中で二つの目が火のように輝いている。日常生活の出来事よりも法悦に慣れ親しんでいる目である。

カテリーナ・ベニンカーサ、二十三歳。この変わった時代の最も変わった人物の一人であろう。また暦の聖人の日の中で、最も驚くべき聖女の一人であろう。シエナの染物屋の十九番目の娘として生まれ、幼女の頃は他の家族と何ら変わったところはなかった。六歳になったある日、町を臨む丘の上にあるドミニコ会教会の上方に教皇の装いをしたキリストを見た。主は〔教皇の〕三重冠を戴き、教皇の盛装をしておられた。キリストの傍らには使徒ペテロ、パウロ、ヨハネが見える。少女は恍惚として立ちすくむ。いっしょにいた少女の兄は妹が見えないのに驚いて道を引き返す。どうしてカテリーナが顔を輝かせてその場に立ち止まっているか、兄はいぶかった。この見神後のカテリーナは慈悲と祈りだけの人生を歩むこととなる。修道院に入ったことはない。彼女のまわりには彼女の話を聞こうと集まる男女の群れができ、彼女はこれを「麗しき群れ」と呼んでいた。ドミニコ会の第三会会員や、ドミニコ会士が多く、その中のライモン・ダ・カプアは彼女の聴罪司祭である。若き詩人ネリ・ディ・ランドッチオが彼女の壮大な計画――「アヴィニヨンへの旅」――の準備のために選ばれた。

歴代教皇がアヴィニヨンに滞在するようになってから様々な高貴な人物が教皇のローマ帰還説得のためアヴィニヨンへの道を急いだ。スウェーデンの聖女ブリジットもその一人である。しかしシエナの染物屋の娘だけが、この「教皇のバビロン捕囚」に幕を閉じさせる説得力を持っていたといえよう。一三七六年六月十八日アヴィニヨンについたカテリーナは二日後に教皇グレゴリウス十一世に謁見し、教皇の決心を迫り、教皇は永遠の都へむけて船出したのである。

しかし苦痛に満ちた船出であった。嵐に見舞われた教皇の船団はジェノヴァへの寄港を余儀なくされる。教皇に同行していた枢機卿たちが悪い噂を耳にする。ローマでは暴動が拡大し、フィレンツェではまたもや反乱が勃発したというのだ。時期が悪い。教皇はなすすべを知らず、若きシエナの乙女に相談したといわれている。この二度目の対談で教皇は決心し、一三七七年一月十七日、ローマで群集の熱狂的歓迎を受けたのである。

その後も数世紀にわたりアヴィニヨンは教皇領として残っており、フランスに合併の決定がされたのは、ようやく革命のときであった。

12　百年戦争の史跡を訪ねて

エダン〔北仏、パ＝ド＝カレ県〕にむかって国道二十八号線を通り、アブヴィルを過ぎると間もなく左側に五万ヘクタールの広さにおよぶクレシーの森が見えてくる。わが中世人たちにとって、ここはアイルランドからやってきた聖リキエの隠遁地である。彼が建てた聖リキエ修道院はフランボアイヤン様式のすばらしい建物でアブヴィルから八キロメートルの所にそびえている。驚くべき壁画が残っているが、これは十五世紀の信仰心を特徴づける「三人の死者と三人の生者の物語」を現わしたものである。修道院の近くにはジャンヌ・ダルクがルーアンへの不吉な道のりの途中、一夜を過ごした独房の跡がある（今日では農家の庭先にすぎない）。この独房に聖リキエは一人の修道士とともにジャンヌを励ましにやってきたといわれている。

クレシー＝アン＝ポンティューの村から北東へ三・五キロ程の所、フォンテーヌ＝シュール＝メの道とラルメ通りが交差する近くに、一本の十字架が立っている。戦争の跡を示すもので、ここで初めて大砲（射石砲）が鳴り、フランスの騎士団が第二の大敗北を喫した所である。

初めての戦いは四十年ばかり前、フランドル地方のクルトレで、これは次に来る惨敗のプレリュードであった。

この上もない恥——ヨーロッパで最も信頼しうる、かつ最も栄光に満ちた騎士軍に対してフランドル地方の移民が勝利したのだった。これがフィリップ美王の政策の結果である。王はフランドル地方をフランスに合併しようとし、細民に対して裕福な町人たちを支持したのであった。イープルやガン〔ともにベルギー西部〕やブリュージュ〔ベルギー北西部〕のような大きな町の町人たちはこれらの町の支配権を手に入れた後、彼ら細民（「黒い爪」と呼ばれていた織工や染物屋）を町の城壁の外に追い出したのだ。細民たちはナミュール家のジャンとギーおよび若いギヨーム・ド・ジュリエ等の諸侯たちに助けを請うた。そしてクルトレの戦場でフランスの軍隊を完全な敗北に追いやったのだ。その後もこれらの地方ではフランス側の無意味な一連の遠征が続き、イギリス側の憎しみを買い、フランスの政策に支障をきたすこととなる。たしかにフランドルとイギリスの同盟には経済的背景がある。フランドルは十五世紀までは農業国として留まっていた。フランドルの羊毛はもともとイギリスからの羊毛の提供なしには成り立たないのであった。イープル、ガン、ブリュージュの織工たちのところへ寄るために船は遠回りをしていた。したがって一連の英仏間の戦いの中で、フランドル・イギリス同盟が、フランス王フィリップ美王が掲げる征服政策に絶えず反対していたことがわかる。

この同じフィリップ美王がギュイエンヌへ数回の軍事行動を起こしている。もっとも何ら納得すべき理由はなく、現代の歴史家たちも何がこのような敵対行為の原因かいぶかるほどである。フィリップ王の三人の息子が後継者を残さずに次々と亡くなるとフランスの王冠を継ぐ人物が問題となる。イギリスのエドワード三世は、フランスのフィリップ美王の孫〔母方〕である。しかし、王冠はヴァロワ朝のフィリップ（フィリップ美王の甥、父シャルル・ド・ヴァロワとフィリップ美王は兄弟）に無事継承された。そしてエドワード三世は、一三二八年に新王に臣従の誓いのためにフランスにやって来る。しかし、ずっと後になり、フランドルの人たち、ことにガンの名高い扇動家ジャック・ダルトヴェルドの挑発を受け、またフィリップ・ド・ヴァロワの数々の不手際にたすけられて、イギリスのエドワード三世は一三四〇年、フランス王の称号を手にいれ、カペ王朝の継承者の権利を要求することとなる。

以後は両国間に戦闘、外交の対立が始まる。エドワード三世は現実的精神の持主で、あらゆる技術的方策を用いてチャンスをものにした。一方ヴァロワ朝のフィリップ六世は、すでに古びた騎士道精神を代表し、個人の輝かしい戦果を求め、戦いを馬上槍試合と考える人物である。クレシーの戦いはこの双方の性向の衝突であった。

一三四六年八月二十六日、イギリスの射手隊はフランス王の傭兵であるジェノヴァの弩射手が一本の矢を射る間に三本を放てる改良型の弓を持っていた。一方、降り続く雨が彼らの弓の弦を緩ませ、隊列が崩れ、逃げ出す者もいた……「フランス王は傭兵隊がこのように狼狽するのを目にし、非常な不満を覚え、こう命令した……《さあ、このならず者たちを皆殺しにせよ。彼らは理由もなくわれらの進むべき道を邪魔するからだ》。そしてフランス王は味方の歩兵隊に騎士団を差し向けた。片やイギリス側はフロワサール〔百年戦争の年代記作者〕の記すところによると、「彼らは射撃を全然誤らなかった」。

イギリス王は風車が建っている小高い丘に立つ。今日、方向指示板があるところで、ここから戦場が見渡せる。そこへある者がやって来た。王の息子の王太子（彼の武具の色で黒太子と呼ばれることとなる）はウォリック伯およびほかのイギリスの諸侯たちとともに一軍隊を率いていたのだが、形勢が悪い、というのである。「余が息子は亡くなったのか、落馬したのか、それとも助からぬまでに傷を負ったのか？」と王は聞き返す。「いいえ、神に誓って。ただ非常に苦戦です。助けが必要です」「トマス殿よ、そなたをここへよこした王太子とその側近のもとへお帰りあれ。そして伝えてくれ。余が息子の生ある限り、何が起ころうとも余に助力を頼みには来ぬようにと。そして初陣の功をたてるようにさせてやってくれ。なぜなら、もし神がそう命じられるのならば、今日の日は彼のものであるし、栄光は彼に与えられるものだと余は信じる」と王は答える。

その間フランスの軍列の中では老いて目の見えぬボヘミア王ジャン・ド・リュクサンブール公が戦いの経過を聞き、フランス側の敗戦を知るや、従臣に命じて馬上に自分をくくりつけさせ、敵陣に斬り込み勇敢な最後を遂げるのであった。

「夜のとばりがおりると、すっかり落胆したフィリップ王は出発した……嘆き悲しみ、従臣を哀れみ、王はラ・ブロワの城まで騎行してきた。門にたどり着いたが、閉まっており跳ね橋は上がっていた。夜は深く、暗闇であった。中に入ろうとして王は城主を呼ぶ。城門の前まで来た城主は声高に聞く。《誰だ、このような時刻にさまよっているのは？》《開けろ、開けてくれ。城主よ、武運つたなきフランス王だ！》とフィリップ王は答える。王の声を聞いて城主は直ちに出てきた。すでに何人かの逃亡兵が城の近くを通ったことから味方の敗北を知っていた。橋を下ろし、門を開けた。王とその一行は中に入って真夜中までいた。城に留まり閉じこもっているようにという忠告を聞かず、同行の者たちとともに一杯飲み、城を後に道案内をつけて出発した。夜明けまで騎行し、アミアンの町に入った……」ここで作

クレシーの戦い、1346年。イギリス人は新式の武器、長弓で武装している。一方フランス人は射るのにずっと手間のかかる弩(おおゆみ）を用いている。フロワサールの『年代記』。パリ、国立図書館蔵。

者フロワサールは結論づける。「フランス人にとって惨敗と損害はあまりにも大きく恐ろしく、戦場には公・伯・諸侯・騎士等の貴族や勇敢な人々の遺体が多すぎるほど残されていた。フランス王国はそれ以降、栄誉も権威も指導権も非常に弱体化したということを知るべきである」

この後一年を待たずして、新しい不幸がフランスおよび全ヨーロッパを襲うこととなる。一三四五年、ジェノヴァ人はタタール人に対してカファを攻囲した。タタールの軍隊にはペストが大流行し、ジャニヴェック・カンはヨーロッパ人の基地の中に疫病をばらまこうとして、感染した死体を基地に投げ入れさせたといわれている。確かに病原菌がヨーロッパに伝わったのはイタリア船によってである。ペストはまずフィレンツェに端を発し、次いでジェノヴァ、ヴェネツィアへと伝播し、その後恐ろしい地震が何回も続き、町は揺れ、家は崩壊し、水路は枯渇した。ヴェネツィアでは人口の五分の三が死亡、有力な五十ばかりの家系が途絶えたのである。「死病」と叫んで窓から川に投げた死骸をどのようにして死体処理にあたる船頭が船に集めて水の都を走ったかという恐ろしい物語が語られている。ここから菌はヨーロッパ中に広がり、パリでは一年半にわたってペストが流行し、一日に八百人の死人が出た日が何日もあった。死は王宮の扉までも叩き、フィリップ六世の妻ジャンヌ・ド・ブルゴーニュは感染して死亡。最も少なく見積もっても人口の三分の一がこのおぞましい騒乱の中で消えうせた。ボルドー近郊のある村では一三四八年以前には六十四戸あったのが十四世紀末には十九を数えるにとどまった。アルビでは一三四三年の調査で二六六九の世帯があったが、一三五七年には千三百のみで、その多くは移民である。ボルドーの港には十四世紀初頭には平均して七百から千三百艘が行き来していたが、一三四九〜一三五〇年には一四一艘しか登録されていない。全国が不安に陥っていた。泉に毒をまいたといってユダヤ人が責めたてられた。アヴィニヨンの教皇クレメンス六世〔一三四二―五二〕は個人的にユダヤ人を保護し、教皇庁の門を開いて彼らが避難できるようにしてやった。七千軒が空き家であった。フィリップ六世の呼びかけに応じてパリ大学医学部は医師団を集めて協議したが無駄であった。ブルゴーニュの小村ジブリは小教区記録簿を残している唯一の村であるが、人口千二百人から千五百人に対して一年に六四九人の死亡が確認されている。あるイギリスの年代記作者は記している。「世界はもとの繁栄を取り戻すだけの十分な力を再び持つことはなかった」

この時代に発展した美術、「中」世という名にまさに値する唯一つの美術はこの一連の不幸な出来事を手がかりにして理解できるのである。中世とは十一世紀から十三世紀にかけて繁栄した封建時代と、その後誤った伝統によってルネサンスという名がつけられている新しい時代との「中間」の時代である。たとえばラ・シェーズ＝デュー〔中央山地中部〕へ行ってみよう。サン＝ロベール大修道院付属教会（十四世紀）にはフランボアイヤン様式の内陣仕切りがある。北側側廊の中で、内陣を取り囲む壁上に、かの名高い「死の舞踏」のフレスコを鑑賞することができる。それはあらゆる社会階層の人物、教皇から職人、老人、子供、王から農民に至るまで合わせて二十三人の行列で、各々の人物は死を現わす骸骨に連れ去られている。これこそがこの悲惨事に見舞われた苦悩の時代の脅迫観念の表現である。

一三七五年に最初の精神病院がハンブルクに創設されたのも偶然ではない。またあちこちに奇妙な宗派が出現するようになる。たとえば苦行会員、彼らは身分がわからぬように覆面頭巾付きコートを着ている。また鞭打ち苦行者もいる。彼らはお互いに鞭で打ち合いながら贖罪の行列をする。行き過ぎ、狂気の流行である。それはキリストによる贖罪の苦しみの状態に、より近づこうとする信仰心に培われたもので、鞭打ちの体を数え、救い主の傷を列挙して、キリストの受難を思い描く。血を流し、苦痛にあえぐキリスト、嘆きの聖母、聖地への巡礼に代わる十字架の道行きが始まったのはこの時代である。前述したことだが、ロマネスクの時代は信仰の世紀であり、十三世紀はどちらかというと宗教的献身の時代、そして中世末期は狂信的信仰の時代でしかない。フランボアイヤン美術の動きの激しい曲線の中にまでもわれわれはこの精神の錯乱を見ることができるのである。

同じくラ・シェーズ＝デューの名高い聖職者席もまた特徴的で、人物像で飾られている。もっともアミアンのような他の大聖堂の聖職者席に比べると比較的簡素である（アミアンのものはもっと遅い十六世紀だが、ラ・シェーズ＝デューのものは、十四世紀末または十五世紀初頭の彫刻である）。これらは快適さと行き過ぎた豪華さと同時に奢侈の好みを表わしている。この傾向はキリスト教圏全体に広がり、教会は自身を防御することをやめてしまった。十三世紀初頭には聖職者の富への反動として托鉢修道会の誕生をみた教会の活力はもう失われたのである。ラ・シェーズ＝デューの修道院の城壁の様相、クレメンティーヌ塔、石落としの一本の線で防備されている天守閣、そして一階にあるかつての井戸と竈の跡、これらすべては敵そのものよりも野武士（フランス王に雇われている傭兵くずれ）を恐れていた不安定で戦争の多かった時代を写し出している。ラ・シェーズ＝デューの町のコート通りの端に十五世紀の家、ラ＝クローズがあり、度々の修復にもかかわらず、当時の要塞化された家の形態を残している。

当時、細民たちは英国の侵入者に反抗し、抵抗運動を展開していた。コンピエーヌの郊外の小村、オワーズ地方のロングイユ＝サント＝マリーは二人の農民の壮挙の舞台である。ギヨーム・ラルーとその友人で信じられぬくらいの力持ちの大男、鉄人フェレ。彼らの周りには二百人ばかりの農民が集まっていた。オワーズのクレイユの要塞を占拠していたイギリス人は、このような田舎者たちの反抗を軽視していたが二度にわたって潰走を余儀なくされた。年代記作者ジャン・ド・ヴネットはこのエピソードを語っている。「彼らは拳を振り上げ、次いで激しく振り下ろしたので、相手に致命傷を与えない一振りはなかった」。二回目の攻撃でギヨーム・ラルーは致命傷を受ける。鉄人フェレは戦闘意欲を駆り立てる。「彼の肩の高さまでもないイギリス人に攻撃をかけながら、斧を振り回し、強烈な一撃で立て続けに斬り込むので、彼の目前には誰もいなくなった。彼は敵に触れもせず、ただ敵の頭上に斧の一撃を加えるだけで兜は割らずに勝手に落ち、脳みそが散らばるのであった」。年代記作者はなおも続ける。「戦いは終わり、イギリス人は敗走した。鉄人フェレは汗だらけだ。この日の暑さは激しく、その上この戦闘の労苦で暑さは加わり、大量の冷水を飲み干した。とみるや熱が出始める。仲間と別れて近くのリヴクールという村にある自分の藁ぶきの家へ戻り床に就いた。しかし枕元に鉄の斧を置くのを忘れなかった。その重さは一人の男が両手でも肩までさえ上げられない程であった。鉄人フェレ、病に伏すの報にイギリスは歓喜。というのも彼がいる限り、ロングイユの方へ行く危険をおかすイギリス兵はいなかったのだ。フェレの全快を恐れてイギリス人はこっそりと十二人の兵士を送り、鉄人の寝首をかく魂胆である。鉄人フェレの妻は遠くからイギリス兵が近づくのを見る。大急ぎでベッドに駆け寄り叫ぶ。《ああ！フェレ、愛する人、イギリス人が来たよ。きっとお前さんに仕返しに来たんだよ。どうする？》病気であることを忘れた彼はたちまち防御の体制をとり、ちょっと前に多くの敵に致命傷を与えた重い斧を握りしめ、家を飛び出し、小さな中庭に出ると、イギリス人の姿が見えた。彼は叫ぶ《悪党めがっ！おれの寝首を襲う魂胆だったな。そうなってたまるか！》敵に囲まれないように壁を背にして立ち、猛然と敵に立ち向かい、体の調子がよかったときと同じ雄々しさで斧を力いっぱい振り回した……イギリス人は逃げ出した。しかしフェレはあまり激しく動き回ったので暑くなり、またもや冷水をがぶ飲みし、熱は前より上がってしまった。発作は激しさを増し、鉄人フェレは数日後、臨終の秘蹟を受け、この世から立ち去り、彼の村の墓地に埋葬された。仲間や村人たちは皆涙を流した。というのも、彼が生きていたら、イギリス人は決してリヴクールに足を踏み入れられなかったであろうから」。ロングイユ＝サント＝マリーでは人々はいつも広場にある要塞のあとを案内してくれる。鉄人フェレの家だと伝説では言っているのだが、本当はそこで鉄人フェレが武勲を立てた城塞の跡なのである。

英仏戦争の被害を受けた地方で、人々の生活が実際どのようなものであったかを知るには、ソムやナウールやアミアン近郊（国道十六号で十八キロメートル）を訪れてみるのがよい。そこには石灰岩の中を掘った巨大な穴倉の隠れ場所がある（長さ二千三百メートルで、ほぼ三百室）。文献に初めて出てきたのは十四世紀初頭（一三三一）の資料で、兵士の姿が見える度に人々はここに逃げ込んだのであった。イギリス側であろうとフランス側であろうと、やってきたら見境なく逃げていた。兵士は農民から金を奪い、物を略奪して、その土地の住民を食い物にして生きていた。領主は農民を一切保護せず、したがって家畜を連れて穴にもぐるか、または町の城壁内に身を隠す以外の方策はなかった。その結果、町の人口はたちまち膨れ上がり、ひどい衛生状態を生むこととなった。飢餓と疫病が日々住民を脅かした。年代記作者トマ・バザンは子供の頃、どのようにして両親とともに家畜を連れてコー地方〔ノルマンディー」から逃げ出して、田舎の他の家族とともにコードベックへ避難したかを語っている。同じような場面が北仏つまりノルマンディーやソム地方、ムーズ地方等、どこでも繰り返されていたのだった。

また封建時代と違って、この時代の戦争費用は比較にならず、諸侯や領主は多額の借金に苦しみ、シエナやルッカやジェノヴァのイタリア人銀行家がまことの王となり始めていた。彼らはフランス中に、ことにパリに支店を開設し、有利な取引で、細民につけをまわしていた。即ち諸侯は金を借り、利子を支払う。利子はどこかで調達せねばならない。そこでもともとの地代に王室税が恒久的に加えられるようになる。これが十五世紀前半のシャルル七世治世下で行なわれたことであった。

もっとも金がかかったのは戦争ばかりではない。豪奢も過度になっていた。不幸な出来事が人々を苦しめるこの時にこそ今までになく限度を越えた支出をすることとなる。時代に特徴的なこととしてモードがお目見えし始めたのだ。先が尖った靴の流行。これは十五世紀初頭まで、ますます先細りとなっていく。またエナン〔婦人用尖形帽〕の流行も然りで、帽子の先が高くなる一方なので、イギリスの侵入が激しさを増した一四一八年には、宮廷の婦人たちが通れるようにヴァンセンヌの城の門を高くせねばならなかった。プレーヌ〔先が長く尖った靴〕、エナン、ショース〔タイツ風のズボンで色が左右半々に分かれている〕等の伝統的に中世にはやったといわれている服装は、五十年間だけつまり中世が終わるまでしか続かなかった。これらはすばらしい細密画の中に描かれていて、そこから普及したのである。

というのも、十五世紀は愛書家のための本が次々と出た時代で、これも同様に豪奢への好みの表現である。歴史的にも美術的見地からも文句をつけはしないものの、少なくとも十四世紀と十五世紀初頭のいわゆる「中間の時代」の名に値する世紀を特徴づけ、洗練と悲惨事という奇妙な協調をここに見ることができるのである。

歴史上ではシャルル賢明王といぅあだ名がついているシャルル五世〔一三四六—八〇〕はヴァンセンヌの城とボーテ＝シュール＝マルヌの城を建立した人物である。これに関しては豪奢への好みだけを非難するに留めておこう。ボーテ＝シュール＝マルヌの城（何も残っていない）は、かの「ロワールの城」と同様、離宮であったが、ヴァンセンヌの城は城塞である。フィリップ・ド・ヴァロワ〔一三二八—五〇〕が着手してシャルル五世が完成させた。

王がかの有名な図書館を整備したのは、このヴァンセンヌ城の中である。王立図書館の本を元にして現在の国立図書館が出来上がった。千冊以上の写本が所蔵されているが、ルーヴルには豪華に彩色装飾された八四三冊の豪華写本が一四二四年にはまだ存在していた。

シャルル五世は宮廷に占星術師をかかえていた。トマス・ド・ピッツァノといい、その娘がクリスティーヌ・ド・ピザンである。詩人・歴史家で、経済・政治の書も書き、女流作家として活躍し、裕福な人々が好んで買うようなすばらしい彩色装飾の「豪華」写本を作らせて、初めて職業文士となった女性である。

シャルル五世の弟たちもまた豪奢を極め、しかし皆、露ほどの責任感もなく、ことに王が摂政をおかずに亡くなった後は大変であった。後継者シャルル六世（最初は愛《いと》しの王、次いで狂王といわれた）は十二歳にすぎなかった。アンジュー伯である、〔叔父の〕ルイは早くからイタリアへの野心を募らせ、ナポリ征服を目論んでいたし、〔もう一人の叔父の〕ジャンはベリー伯領を継いだが、戦争という冒険には何ら関心はなく、生まれながらの蒐集家であった。いくつかの立派な建造物は彼に負うところ大である。たとえばブールジュの大聖堂の大ポルタイユは彼の気前のよさの賜物である。ムアン＝シュール＝イエーヴルには彼が建立させたすばらしい城（美しい塔だけが残っている）があるが、このムアン城はベリー公の「いとも華麗なる時禱書」（シャンティイ美術館に所蔵されている名高い写本の一つ）の中に見ることができる。

一番下の弟フィリップには「豪胆侯」というあだ名がついている。その名の示す通りポワティエの戦い〔一三五六年〕ではまだ子供であったが、父を補佐し（「父上、右に気をつけられよ！　父上、左に用心されよ！」）、ブルゴーニュ公領を親王領地として手に入れた。ヴァロワ朝の全員がそうなのだが、彼もまた美しい物に執着した。すばらしい本の数々がブルゴーニュ歴代公（フィリップ豪胆侯、ジャン無畏侯、フィリップ善良侯と続く）の図書室の自慢であった。中でも名高い『東方見聞録』（東洋を旅したマルコ・ポーロの旅行記）やフィリップ善良侯の顧問であったベルトランドン・ド・ラ・ブロキエール著『海外旅行記』（すばらしい絵で装飾されている）等がある。

ブルゴーニュとその首府ディジョンが繁栄の極みに達したのはフィリップ善良侯の時代である。ブルゴーニュは「西の大公」の庇護の下に真の帝国を形成したのである。

ディジョンの公国宮殿には広い正面前庭があり、その偉大な外観をいまだに留めている。昔の宮殿の跡に再建されたのだが、まず一三六六年にフィリップ豪胆侯（バールの塔を建てたのは彼である）が、次いで一四五〇年と一四六〇年の間にフィリップ善良侯が自分の名を冠した塔を建てた。現在美術館になっている所にある昔の警備の間（十六世紀初頭に再建された）にはシャンモルのシトー会修道院に由来する貴重なものがある。それはフィリップ豪胆侯とジャン無畏侯および〔その妻〕マルグリット・

ド・バヴィエールの墓である。また二つのすばらしい祭壇画もあり、フィリップ善良侯の治世を描いたフランドルの巨匠たちの卓越した技法を目のあたりにすることができる。宮殿の旧台所も一瞥に値する。一四三三年にブルゴーニュ侯が建てさせたときの姿のままに残っている。シャンモル修道院自体はフィリップ善良侯の祖父、フィリップ豪胆侯の手になるもので、いつでも見学できる。階段を囲む小塔があり、歴代侯たちはそこを通って教会の階廊席へ赴いていた。旧教会の入口ポルタイユにはクラウス・スリューテル〔フランドルの彫刻家、十四世紀末のブルゴーニュ派の創始者〕の作になる見事な彫刻がある。一つはフィリップ豪胆侯を、もう一つはその妻マルグリット・ド・フランドルを現わしている。また旧約聖書の預言者を示す六大彫像のある「モーセの井戸」も彼の作品である。最近になって色彩が発見された。当時はまだ彫刻に色が塗られていたのである。

ボーヌからさほど遠くない所にブルゴーニュ侯の大法官ニコラ・ロラン建立の見事な施療院がある。ロジェ・ファン・デル・ヴァイデン描く大変美しい三枚続きの祭壇画には、ニコラ・ロラン自身が妻のギヨンヌ・ド・サランとともに描かれている。当時はただ単に病人のベッドを覆うためのものであった豪奢なタピスリーとともに、祭壇画からもブルゴーニュ公国がいかに栄光に満ちていたかが理解できる。

しかしブルゴーニュ公領の豊かさをよりよく知るためには、ガン、ブリュージュ、ブリュッセル、そしてアントワープにまでも行ってみる必要がある。これらの町には当時の繁栄ぶりが満ち溢れている。当時の年代記作者の筆によると、「この町々の人口は数知れない。彼らの富と権力、彼らの商売の習慣、彼らの財産の豊富さも数知れない」。また、他の年代記作者は「他のどこにも見られないような多くの気前のよい会食者と饗宴、あらゆる種類の供応」と付け加えている。

フランスから出なくてもリールの町でフィリップ善良侯の館であったリウール宮殿〔一四五七―一四六二に建立〕を訪れることができる。古い礼拝堂にはブルゴーニュ侯夫人の祈禱室が残っている。

真の騎士団がなくなってしまったこの時代ほど、様々の騎士修道会が創設されたときはない。一四二九年二月十日、フィリップ善良侯はブリュージュに金羊毛騎士団を結成した。これはイギリスのガーター勲章のむこうをはったものである。金羊毛騎士団の高官たちは金の鎖を首にかけ、金で作った羊の毛をペンダントとして下げていた。シャンティイ美術館で金羊毛騎士団の騎士の姿を見ることができる。それは〔フィリップ善良侯の〕私生児で実力者アントワーヌの肖像画である。

金羊毛騎士団は古代伝統のアルゴ船乗組員〔大船アルゴに乗り、金羊毛を求めて冒険をした五十人の勇士たち〕に想を得たものである。

パ゠ド゠カレのエダンの近くにアザンクールの平野がある。一四一五年十月二五日、イギリス王〔ヘンリー五世〕が、フランス軍にとっては前例のない無残な敗北となる戦闘を挑んだのがこの地である。ヘンリー五世はフランスの王冠にイギリスの野心を向けたのだが、それは時に適っていた。フランスは狂った王〔シャルル六世〕の治世で王妃〔イザボー〕は政治的に無能であった。貴族というものは、ときには口に出せぬような情熱を満足させるか（もっともジャン・ド・ベリー公もその例に漏れないが）、でなければ物質的安逸だけを追求するものである。

この機にヘンリー五世はサウサンプトンに軍隊と巨大な軍事機械を結集する。海峡を渡るため千四百艘の船が装備された。一四一五年八月十二日夜、ラ・エーヴの先端に上陸、現在のル・アーヴル（当時はまだなかった）近くのサント＝アドレスの平原に陣を敷いた。同じ週の八月十七日、アルフルールの包囲に着手、フランス王はこの地に援軍を送らず、九月二十二日に降伏した。次いでヘンリー五世は、先祖のエドワード三世がそうしたようにピカルディーを通り、ソンム川の左岸を上り、モレイユ、アンジェスト、クルイ、ピキニー、ボーヴ、ショーヌを通ってカレへ進む。ルーアンに結集していた司令官アルブレのフランス軍側はボーヴェ、サン＝ジュスト、モンディディエ、アム、バポーム、サン＝ポールを通っていく。イギリス人はソンム川をアムの下流で越え、十月二十四日、両軍は面と向かい合った。翌金曜日、十月二十五日、戦闘開始である。重い武具を身に着け、身動きのできない伝統通りの姿で戦う騎士道に対して、またもやイギリス軍の優秀で順応性の技術の勝利であった。夜中じゅう、そしてそれに先立つ日々も雨であったので、地面は水浸しで、馬ははまり込み、泥の中でもがいていた。十一時頃、イギリスの射手が攻撃を開始、密集して矢を放つ。人も馬も泥沼にはまって身動きのできない狭い場所で、文字通り大量の人馬が殺されたのである。彼らは互いに激突し合い、たちまち虐殺に身をさらすこととなる。

次の軍事行動は体系的に行なわれた。フランス王側のジェノヴァの一艘が、まずル・アーヴルの沖で破砕される。次いでトゥク川でイギリス人が上陸する。それから先は、ヘンリー五世もしくはその廷臣たちが代わる代わるドーヴィル、オーヴィラール、リジューを占拠する。王はカーンを奪取し、一時的な王の住まいとした。次いで、大した苦労もなく、バイユー、アルジャンタン、アランソンを手中に収める。ファレーズは少しの間は抵抗を示したが、一四一八年二月には降伏した。バス・ノルマンディー地方全域が遅からずして占領されることとなる。イギリス王はセーヌ川を渡りアンデルの谷を治め、ルーアンの包囲に着手する。

ノルマンディーの首府はその戦力が縮小されていた。パリの主人――当時はブルゴーニュのジャン無畏侯であった――はフランスとの同盟か、それともイギリスか、常に決心をつきかねていた。哀れなフランス王シャルル六世はジャン無畏侯の手中で、人質にすぎず、王妃イザボー・ド・バヴィエールはフランスの王冠より実家ババリアの命運の方に気をとられていたのである。

ルーアンは富裕な町で百台の大砲と、かつてフィリップ尊厳王が建てた見事な城と、堅固な城壁を有していた。包囲は長く続いた。民兵の隊長アラン・ブランシャールは包囲軍の突破を何回か試みたが無駄であった。結局、町は飢餓で敗北したのである。食べられるものは何でも口に入れた。一四一九年六月二日、使者がイギリス王に会いに来たときには既に四万人の住民が命を落としていた。イギリス王は最初、無条件降伏しか受け入れなかった。そこで住民たちは自分たちの町に火を放とうと決心した。ヘンリー五世は彼らを阻止した。このように美しい街を失いたくはなかったのだ。金貨三十万エキューを要求し、それと引き換えに住民の命を守る、ただし町の防衛軍は別というものだが、防衛軍の隊長はかの勇敢なアラン・ブランシャールである。彼は身代金での救済を拒絶した。「自分には財産はない。あったところで、イギリス野郎に名誉を与えるためなんぞに使うものか」。処刑場に向かって歩きながら、彼はこう言い放った。ノルマンディーの奪取は一四一九年十二月九日のガイヤール城の降伏によって終わりを告げる。籠城側は井戸水を汲む綱がなくなったのだ。ノルマンディーはすべてイギリスのものとなった。

すべて、ただしモン＝サン＝ミシェルを除く。かの名高い城塞（フランスで最もよく観光客が訪れる建造物で、毎年ルーヴルの参観者と同じくらいの人が来る）を訪れるとき、四十年間も続いた誇るべき抵抗を忘れることはできない。イギリス・ブルゴーニュの連合軍がパリを奪取し、王太子シャルルに逃亡を余儀なくさせ、その支持者一派をロワールの向こう側へ追いやったとき、孤立した島のモン＝サン＝ミシェルは頑強に抵抗を続けていた。イギリス側はグランヴィルの完璧な要塞を作り、モン＝サン＝ミシェルを制圧しようと試みたが失敗した。彼らは最後までやり遂げられなかったのだ。

当時モン＝サン＝ミシェルは、近くのトムブレーヌの小島（大陸につながる堤防は最近のものである）と同様、孤立していたし、当然のことながら尖塔もなかった。一八八六年に修復を手がけた建築家プチ＝グランは全体像を睥睨《へいげい》していた、どっしりとたくましいノルマン様式の鐘楼の上方に尖塔をつけるというおかしな考えを持ったのである。モン＝サン＝ミシェルは、歴史家シメオン・リュスの言葉を借りれば、当時は三つの異なった顔（町、要塞、大修道院）をもつ一種の小王国を形成していたのだ。

モン＝サン＝ミシェルへの最初の攻撃は一四二三年である。修道院長ロベール・ジョリヴェは意気地なくも修道士たちを見捨ててイギリスに降伏した。彼は後にジャンヌ・ダルクが出頭した法廷での陪席者になる。モン＝サン＝ミシェルはブルトン人によって救われた。しかし、二年後にまた攻撃を受ける。今回モン＝サン＝ミシェルを守ったのはノルマン人騎士ルイ・デストゥートヴィルで、何人かの射手に支援されて、一一九人の兵士とともに城塞から敵を掃討した。

ジャンヌ・ダルクの勝利の噂に勇気づけられて（彼女は一四二九年四月二十九日夕刻、七か月間包囲されていたオルレアンに入り、五月八日には包囲を解き、七月十七日にシャルル七世をランスでフラン

敵に対して不敗の、しつような抵抗の象徴であるモン＝サン＝ミシェル修道院。ベリー公の『いとも華麗なる時禱書』、ポール・ド・ランブール作。15 世紀。シャンティイ、コンデ美術館蔵。

ス王として聖別させたのである)、ルイ・デストゥートヴィルはほぼサン＝ローまでも進攻したのである。ジャンヌがアランソン公とともにモン＝サン＝ミシェルを解放しようとしているという噂が流れると守備隊や修道士たちの中には大きな希望が膨らんだ。ところがシャルル七世の寵臣ジョルジュ・ド・ラ・トレモイユはこの計画の実行を阻止したのだ。その上、ルーアンは歴史の上でジャンヌ・ダルク訴訟の町となり、一四三一年五月三十日の火刑台の炎の町となり、「他に類のないロレーヌの乙女」が亡くなった町となったのである。

希望をなくしたモン＝サン＝ミシェルは降伏せんばかりであった。兵士たちは悲しげに海辺に目をやり、住民たちはうなだれてさまよい、ただ城塞の犬だけが相も変わらず攻撃的であった。大型の番犬《モロス》である。これら恐ろしいモロスは兵士に値する。急を告げ、必要とあらば包囲者に嚙みつく。目を地平線に見すえている犬の頭が城壁の上に見えると、モン＝サン＝ミシェルの住民は安心するのであった。

ところで、既に脅かされている島を大惨事が襲う。一四三四年四月五日、火事が起こる。人々は皆修道院へ逃げ込む。ドンフロンのイギリス人隊長トマス・スケイルズは、弱体化し勇気を失っている守備隊に一撃を試みるよい機会到来とばかり、激しい急襲をしかけ、第一の城壁に割れ目ができた、とみるや包囲軍は急ぎ城中をめざす。ルイ・デストゥートヴィルとその仲間たちは敵に襲いかかり、彼らは混乱して大砲をそのまま置いて逃げ惑う。今でもモン＝サン＝ミシェルでは置き去りにされた二個の「ミシュレット」と呼ばれる誇るべき抵抗の証拠品である射撃砲を目にすることができる。ノルマンディーではこうして至る所で蜂起が起きた。ベッサンのヴァル・ド・ヴィルでは農民が武器を取った。ルイ・デストゥートヴィルはイギリス人からグランヴィルの要塞を奪取するに至る。フランス王を求める声はノルマンディー全土におよび、一四四九年十一月十日、シャルル七世は再征服されたルーアンへの入場を果たす。翌年二月十五日、ジャンヌ・ダルク有罪判決の訴訟資料を取り寄せた王は、証人の尋問を命じ、ジャンヌ処刑裁判の無効にこぎつけることとなる。一四五六年七月七日に無効が宣言された。

しかし、一四五〇年以降、イギリス王は最後の努力を試みた。最良の隊長の一人トマス・キリエル指揮下での大軍に出資のため、王室の宝飾品までをも抵当に入れたのである。軍隊はまだイギリスの手中にあった最後の拠点シェルブールに上陸した。しかしフォルミニーでの戦い（一四五〇年四月十五日）はアザンクールの戦いへのお返しであった。イギリス側は三七七四人の死者に千二百人の捕虜、フランス人は全体で約十二人の死を悼むに留まった。その後まもなくカーンの司令官サマセット伯は降服、シェルブールも陥落、ノルマンディー全域はフランスに戻ったのである。

エピローグは荒廃したノルマンディーにある。今日われわれが感嘆するフランボアイヤン様式で復元された数々の傑作が、ルーアンの大聖堂、サン＝トゥーアンやサン＝マクルーの教会、ヴェルヌイユのマドーレヌ塔、コードベック＝アン＝コーやルーヴィエ教会のポーチに見られるのである。

一方ルーアンの市参事会員たちは、破壊された図書館の補充に専念し、一連のすばらしい写本の制作に力を入れた。その一部は現在ルーアン図書館とパリの国立図書館に存在している。

モン＝サン＝ミシェルに関しては、その反抗の粘り強さに、敬意を表したい。ルイ十一世は戴冠一年後、この地に最初の巡礼を行なった。その際、王は修道院に対して、その紋章にフランス王家の三個の金の百合の花を付けることを許可したのである。また金貨六百エキューと、サン＝ミシェルの金の小像を寄贈した。数年後、王はサン＝ミシェル騎士修道会を創設、その文書にはこう書かれている「モン＝サン＝

ミシェルといわれる聖地をわが国のかつての敵に奪取されることなく、確固として常に守り防ぎ庇護して来た聖ミカエル（ミシェル）大天使殿、最初の騎士に敬意を表して」。最高位の諸侯たちから選ばれた騎士団員に対し、王は一つずつ紐で結んだ金の貝殻でつくった首輪を送った。中央には金言「大海の恐怖」と書かれた岩の上の大天使の像がある。聖ミカエルの日に行なわれる総会では、騎士たちは深紅色のビロードの頭巾をかぶり、エゾイタチの毛皮で金糸の刺繍が施された、白い西洋緞子のマントを着て、帽子をかぶり、王と夕食をともにする。このサン＝ミシェル騎士修道会は旧体制下でも、その後も存続することとなる。というのも王政復古の時代〔一八一四－三〇〕に再建されたからである。パリのレジオンドヌール勲章、および騎士修道会博物館（七区ベルシャス通り二番地）でその資料を見ることができる。

しかし、これがすべてではない。次の巡礼の際、王は二十トゥール・リーヴルの寄贈を行なっている。その対象は「モン＝サン＝ミシェルの守護に非常に有用かつ有益である犬の食糧、および飼育費」と書かれている。

訳者あとがき

本書は *Le Tour de France médiéval, Stock* の抄訳である。

著者レジーヌ・ペルヌー女史が亡くなったのは一九九八年四月二十二日、八十八歳であった。絶筆『中世の女性のイメージ』を完成し、床に伏し、「あちらの世界の人々に会いに行く。ジャンヌ・ダルクにも」と言って、昏睡状態に入り、世界に名だたる「中世の貴婦人」は三日後に静かな死を迎えられたのである。当日のルモンド紙の弔文の見出しは「烈々たる中世史家」とあり、フィガロ紙には「中世の貴婦人を悼む」と記されていた。

二〇〇二年五月に訳者は、オルレアン市で毎年催される「ジャンヌ・ダルク祭」に参加し、ペルヌー女史が創設者である「ジャンヌ・ダルク・センター」の中に特設された「レジーヌ・ペルヌー文庫」の開所式にも招待を受け、女史の面影を偲んだが、その時の話は改めて別の機会に述べるとして、オルレアン市の中心に「レジーヌ・ペルヌー通り」がお目見えする予定だときいて感慨無量であった。

女史の著書『王妃アリエノール・ダキテーヌ』の拙訳を一九九六年に出版後、次は何を訳しましょうかという女史との対話の中で、本書を推薦され、すぐに「日本の読者の皆さんへ」の序文を書いてくださった。にもかかわらず、その後、他の仕事に追われて本書の訳出に時間がかかり、女史の生前に上梓できなかったことは残念だが、やっと「あちらの世界」にいらっしゃる女史に届けることができてほっとしている。

本書の序文「日本の読者の皆さんへ」の中でペルヌー女史が書いておられる「本書の要約とも言える《フランス一周》を私に申し出てくれたのは……」について少し説明を加えさせていただく。十年前の一九九三年に白水社の月刊誌『ふらんす』六月号に「ペルヌー女史と歩くフランス中世の旅」と題して十日間の旅の企画を発表したら、『ふらんす』発売日に定員二十名の申込みを越えてしまった。こうして毎年少しずつメンバーは変わるが、今年で十二回を数える中世の旅はペルヌー女史の本書をもとに行なっていて、女史亡き後は、女史との共著もある、やはり中世史家のブロッシャール教授とともに中世散歩をしているのである。なお一九九六年、九七年とやはり雑誌『ふらんす』に「ペルヌー女史の旅語り中世史話」と題して、旅の間にバスの中や、ホテルの一室で講義をしてくださった内容等を連載させていただいたので、ペルヌー女史の愛読者も増えたのではないかと喜んでいる。

なお、本書は弟のジョルジュ・ペルヌー〔元パリ・マッチ誌編集長、『フランス革命の目撃者たち』（白水社　河野鶴代訳）の著者〕との共著の体裁をとっており、ジョルジュの未亡人、ローランス〔元ストック社編集長『乳幼児期』（朱鷺書房、前田実子、西畑明　共訳）の著者〕への献辞のついた長い序文がある。枚数の都合で割愛させていただだので、その一部をここに紹介する。

「本書の大部分をわれわれは二人で企画し、書いてきたのだが、残念ながらこの作業を終え、序文に署名をしたのは私一人である。

この『歴史散歩』のアイディアをまず考えたのは弟ジョルジュである。彼が企てた方法に従って私は常に『私の専門とする』中世の時代を語ろうとし、喜んで著作に取り組んできたのだった。『歴史』の中から素材を取り上げたのは私だが、構想をひらめかせて、既にそれが出来上がったものとして見ていたのは彼である。彼は読者に語りかけるのが好きで、人々が語り継ぎ、心を動かす歴史、愛し、模範とするような人物が登場する歴史に勝る論理的説明はない——つまり記憶の中に刻み込まれた歴史はいかに完璧な理屈よりもすばらしいか、ということを知っていた。われわれ二人はともに長い間あゆみを重ねた。あたかも昔の巡礼たち、または今日の旅行者たちのように。しかるに、このような情熱をもってともに始めたこの仕事を彼なしで終え、私一人で旅を続けることになろうとは、誰が予見できたであろうか〔ジョルジュは一九七六年一月二十日に逝去〕。二人のこの努力が価値あるものであったかどうかは読者の皆さんが決めるものである。旅に出かける人々は、《開いた目》をいつも持っていてほしいし、今後も皆さんをとりまく世界に好奇心を向けて、時の流れを通じて人生に活気を与え続けてきた、隠された生き方に興味を示されることを祈るものである」

本書の出版に関しては白水社の小出英俊氏に版権の取得その他、格別のご配慮をいただいた。また校正などの実務的なことに関しては、同じく芝山博氏に終始ご指導をいただき、ここに深く御礼申し上げる。なお原稿整理に関する煩雑な作業に関しては友人の宮嶋博氏に多大のご尽力を賜った。あわせて感謝の意を表するものである。

二〇〇三年三月

福本秀子

人名索引

ス・ソ

タ・チ・テ

ト

訳者略歴
慶應義塾大学経済学部卒
パリ大学法経学部博士課程修了
主要著書
『Femmes et Samourai（女とさむらい）』
『Femmes à l'aube du Japon moderne（近代日本夜明けの女たち）』
（以上 Des Femmes 社、パリ）
『Géishas et Prostituées（芸者と遊女）』（Petit Véhicule 社）
『マダム・ジャポンは袋だたき』
『フランスは可笑しい』（以上、社会思想社）
主要訳書
レジーヌ・ペルヌー『中世を生きぬく女たち』
同『十字軍の男たち』（以上、白水社）
同『甥に語る中世』
同『十字軍の女たち』
同『王妃アリエノール・ダキテーヌ』（以上、パピルス）
アンリ・ルゴエレル『プランタジネット家の人々』（白水社）
ピエール・ムニエ『我が友ジャン・ムーラン』（東洋書林）

フランス中世歴史散歩

二〇〇三年六月一〇日第一刷発行
二〇〇三年九月一〇日第二刷発行

訳者 © 福《ふく》本《もと》秀《ひで》子《こ》
発行者 川村雅之
印刷所 充美企画
発行所 株式会社 白水社
東京都千代田区神田小川町三の二四
電話 営業部〇三(三二九一)七八一一
編集部〇三(三二九一)七八二一
振替 〇〇一九〇—五—三三二二八
郵便番号一〇一—〇〇五二
http://www.hakusuisha.co.jp
乱丁・落丁本は、送料小社負担にてお取り替えいたします。

加瀬製本

ISBN4-560-02848-6
Printed in Japan